涉案未成年人社会调查实证分析

主　编　景晓娟　岳慧青
副主编　温慧卿　赵　静　叶承芳
　　　　顾　凯　陈　卓　黄馨瑶
　　　　高　屹　王春晖

北京理工大学出版社
BEIJING INSTITUTE OF TECHNOLOGY PRESS

版权专有 侵权必究

图书在版编目(CIP)数据

涉案未成年人社会调查实证分析 / 景晓娟, 岳慧青主编. -- 北京: 北京理工大学出版社, 2024.3
ISBN 978-7-5763-3730-3

Ⅰ. ①涉… Ⅱ. ①景… ②岳… Ⅲ. ①未成年人犯罪-社会调查-研究-中国 Ⅳ. ①D669.5

中国国家版本馆 CIP 数据核字(2024)第 061874 号

责任编辑：王梦春　　　文案编辑：邓　洁
责任校对：周瑞红　　　责任印制：施胜娟

出版发行 / 北京理工大学出版社有限责任公司
社　　址 / 北京市丰台区四合庄路 6 号
邮　　编 / 100070
电　　话 /（010）68914026（教材售后服务热线）
　　　　　（010）68944437（课件资源服务热线）
网　　址 / http://www.bitpress.com.cn

版 印 次 / 2024 年 3 月第 1 版第 1 次印刷
印　　刷 / 保定市中画美凯印刷有限公司
开　　本 / 710 mm × 1000 mm　1/16
印　　张 / 10.75
字　　数 / 126 千字
定　　价 / 79.00 元

图书出现印装质量问题，请拨打售后服务热线，负责调换

前　言

在刑事诉讼领域普遍实施涉案未成年人社会调查制度，为涉案未成年人争取合理的刑事处遇，这是国家对未成年人保护责任的扩充，更是国家对实现未成年人利益最大化而做出的巨大努力。做好涉刑事案件未成年人社会调查，是对国家未成年人优先保护政策的具体落实。

在最高人民检察院第九检察厅"未成年人刑事案件社会调查工作规范化研究"项目（2022）和北京青年政治学院职教创新项目"青少年权益保护与犯罪预防"（2022）的支持下[①]，北京市检察院第九检察部和北京青年政治学院共同组建法学、青少年教育、心理学、社会学、社会工作等多学科团队，以对2020年"北京市涉刑事案件未成年人社会调查报告"的文献研究为出发点，共同厘清涉刑事案件未成年人社会调查的规范，共同研究涉刑事案件未成年人社会调查中的心理测评模板，共同开发涉刑事案件未成年人社会调查的智能系统，共同打造涉刑事案件未成年人权益保护和犯罪预防的系列培训课程，着力为基层司法社会工作者（简称为社工）开展

---

① 项目研究成果中对于涉案未成年人社会调查规范模板和心理测评工具包均已嵌入智能系统设备，本书仅呈现研究结果中对涉案未成年人社会调查的实证分析部分。

涉刑事案件未成年人社会调查提供支持。

"实事求是"是社会调查的基本准则，对涉刑事案件未成年人社会调查来说，更要查未成年人之"实"，以求未成年人保护之"是"。为基层司法社工更科学规范地开展涉刑事案件未成年人社会调查，我们在研究的基础上编写了《涉案未成年人社会调查实证分析》一书，结合案例明法、明理、明实操，旨在支持一线社工了解每一类案件的学理基础，更科学规范地实施涉案未成年人社会调查。

本研究得到未成年人保护专家岳慧青的大力支持和精心指导，籍此致以衷心的敬意和感谢。各章具体撰写分工如下：第一章，温慧卿编写；第二章，王春晖、景晓娟编写；第三、四、五、七章的法律相关内容由叶承芳编写，心理相关内容由顾凯编写，社会学相关内容由陈卓编写；第六、八章法律相关内容由温慧卿编写，心理相关内容由景晓娟编写，社会学相关内容由赵静编写；第九章，法律相关内容由黄馨瑶编写，心理部分由高屹编写；全书由赵静统稿。囿于所知，编写中难免有疏漏之处，还有很多地方需要斟酌，敬请专家、读者批评指正。

景晓娟

目　录

第一章	涉案未成年人社会调查概述	1
第二章	涉案未成年人社会调查的一般要素	17
第三章	未成年人涉抢劫案件的社会调查实证分析	31
第四章	未成年人涉盗窃案件的社会调查实证分析	51
第五章	未成年人涉放火案件的社会调查实证分析	69
第六章	未成年人涉故意伤害类案件的社会调查实证分析	85
第七章	未成年人涉性侵害类案件的社会调查实证分析	105
第八章	未成年人涉网络类案件的社会调查实证分析	129
第九章	未成年人团伙犯罪的社会调查实证分析	149

第一章
涉案未成年人社会调查概述

未成年人社会调查制度是《联合国少年司法最低限度标准规则》所确立的一项基础性少年司法制度。如今已经被大多数国家所采纳。《中华人民共和国刑事诉讼法》（简称为《刑事诉讼法》）第二百七十九条也对社会调查制度做了规定："公安机关、人民检察院、人民法院办理未成年人刑事案件，根据情况可以对未成年犯罪嫌疑人、被告人的成长经历、犯罪原因、监护教育等情况进行调查。"换言之，我国也已经在刑事诉讼领域普遍实施了涉案未成年人社会调查制度。根据最高人民检察院《未成年人检察工作白皮书（2021）》发布的数据，全国检察机关2021年在审查逮捕阶段、审查起诉阶段分别开展社会调查78 562次、157 939次。可以说，从1984年上海市《长宁区未成年人刑事案件社会调查工作若干规定（实行）》颁布至今，涉案未成年人社会调查制度已经经历了产生阶段、发展阶段，目前正在臻于完善。

一、涉案未成年人社会调查的理论基础

（一）未成年人国家亲权理论

"国家亲权（parens patriae）"一词源于拉丁文。在人类漫长的发展史中，国家亲权的内涵随着时空转移而有所变迁的。现代未成年人国家亲权具有两层含义：第一层，国家亲权是对自然亲权的有利补充，即当未成年人的父母或其他法定代理人没有或不能适当履行对其监管和保护职责时，国家代替父母或者法定监护人对未成年人进行监管和保护；第二层，国家亲权是对自然亲权的必要超越，即为了实现最有利于未成年人原则，国家对父母及其他监护人进行

的有效支持、监督与惩戒,对未成年人进行司法处遇。① 涉案未成年人社会调查正是国家行使第二层国家亲权的具体表现。国家发起未成年人社会调查,对未成年人进行更广泛的社会背景调查、人格调查,以此维护未成年人在刑事诉讼中的权利——通过司法社工对涉案未成年人的社会调查和出具调查报告,检察机关和审判机关可以更全面地掌握涉案未成年人的生活环境、教育经历、人格特征等,从而为涉案未成年人争取合理的刑事处遇。可见,未成年人社会调查报告制度是对国家未成年人保护责任的扩充,更是国家对实现未成年人利益最大化而做出的巨大努力。

(二) 刑罚个别化理论

刑罚个别化是基于个别公正和个别预防的理论形成的一项刑法原则,主要调整"刑罚"和"犯罪人"两大实体范畴关系。其核心要素是犯罪人的人身危险性,包括主观与客观两方面的再犯的可能性,可以通过量化考察人身危险性为法官量刑提供依据。② 我国"罪责刑相适应"原则是"刑罚个别化思想"和"罪行相适应"原则的结合。未成年人社会调查报告在某种程度上迎合了犯因性需求,并且指向犯罪人的深层犯罪动机,对制定个别矫正方案极具参考价值。③ 因此我国未成年人司法领域应当坚持刑罚个别化理念。而在司法中运用未成年人社会调查,并使之制度化,正是未成年人刑罚个别化理论的体现。不仅在刑罚方面,在矫正方面亦是如此。

---

① 温慧卿. 未成年人国家亲权的内涵、原则与制度构建 [J]. 少年儿童研究,2021 (01): 23-30+80.
② 杨琳,赵明一. 浅论刑罚个别化 [J]. 法学杂志,2013,34 (04): 115-120.
③ 田宏杰,庄乾龙. 未成年人刑事案件社会调查报告之法律属性新探 [J]. 法商研究,2014,31 (03): 116-122.

通过调查未成年人的生活环境、学习情况、家庭背景等因素，进行分析并得出报告，确保对未成年人有全面的了解，针对不同的未成年人犯罪人使用不同的矫正方法。

（三）儿童利益最大化原则

儿童利益最大化原则要求在对涉案未成年人事项处理上"一案一策、因材施教"，通过个性化的处置体现对未成年人个体最大利益的考量。未成年人刑事程序中设立未成年人社会调查制度，为实现个性化处遇、儿童利益最大化提供了重要基础。[①]

二、涉案未成年人社会调查的法律规定

我国对涉案未成年人社会调查制度的法律规定体现在法律、相关司法解释、部委规章和其他规范性文件中。

（一）法律

我国《刑事诉讼法》和《中华人民共和国预防未成年人犯罪法》（简称为《预防未成年人犯罪法》）均对未成年人社会调查报告制度进行了规定。现行《刑事诉讼法》第二百七十九条规定：公安机关、人民检察院、人民法院办理未成年人刑事案件，根据情况可以对未成年犯罪嫌疑人、被告人的成长经历、犯罪原因、监护教育等情况进行调查。这是我国未成年人社会调查制度最基本的法律依据。我国2020年新修订的《预防未成年人犯罪法》第五十一条

---

① 宋英辉，李娜．儿童利益最大化原则在刑事诉讼中的贯彻［J］．中国青年社会科学，2022，41（01）：117-129．

对未成年人社会调查报告的相关做法做了进一步的规定：公安机关、人民检察院、人民法院办理未成年人刑事案件，可以自行或者委托有关社会组织、机构对未成年犯罪嫌疑人或者被告人的成长经历、犯罪原因、监护、教育等情况进行社会调查。还规定，社会调查员根据实际需要并经未成年犯罪嫌疑人、被告人及其法定代理人同意，可以对未成年犯罪嫌疑人、被告人进行心理测评。

（二）相关司法解释

我国最高人民法院、最高人民检察院以及公安部高度重视涉案未成年人社会调查制度，先后发文对其做了相关规定。

2020年，最高人民法院、最高人民检察院以及公安部等印发《关于规范量刑程序若干问题的意见》，该《意见》第十八条规定：人民法院、人民检察院、侦查机关或者辩护人委托有关方面制作涉及未成年人的社会调查报告的，调查报告应当在法庭上宣读，并进行质证。2019年最高人民检察院发布《人民检察院刑事诉讼规则（2019）》，第四百六十一条规定：人民检察院根据情况可以对未成年犯罪嫌疑人的成长经历、犯罪原因、监护教育等情况进行调查，并制作社会调查报告，作为办案和教育的参考。人民检察院开展社会调查，可以委托有关组织和机构进行。开展社会调查应当尊重和保护未成年人隐私，不得向不知情人员泄露未成年犯罪嫌疑人的涉案信息。人民检察院应当对公安机关移送的社会调查报告进行审查。必要时，可以进行补充调查。人民检察院制作的社会调查报告应当随案移送人民法院。

2017年最高人民检察院出台《未成年人刑事检察工作指引（试行）》，对"调查方式、程序""心理测评""调查内容"再次进行了详细规定，明确人民检察院开展社会调查可以委托有关组织或者机构进行。

2013年最高人民检察院《人民检察院办理未成年人刑事案件的规定》第九条规定，人民检察院根据情况可以对未成年犯罪嫌疑人的成长经历、犯罪原因、监护教育等情况进行调查，并制作社会调查报告，作为办案和教育的参考。第十五条规定，审查逮捕未成年犯罪嫌疑人，应当审查公安机关依法提供的证据和社会调查报告等材料。公安机关没有提供社会调查报告的，人民检察院根据案件情况可以要求公安机关提供，也可以自行或者委托有关组织和机构进行调查。第三十二条规定，适用附条件不起诉的审查意见，应当由办案人员在审查起诉期限届满十五日前提出，并根据案件的具体情况拟定考验期限和考察方案，连同案件审查报告、社会调查报告等，经部门负责人审核，报检察长或者检察委员会决定。人民检察院开展社会调查，可以委托有关组织和机构进行。开展社会调查应当尊重和保护未成年人名誉，避免向不知情人员泄露未成年犯罪嫌疑人的涉罪信息。人民检察院应当对公安机关移送的社会调查报告进行审查，必要时可以进行补充调查。提起公诉的案件，社会调查报告应当随案移送人民法院。

2012年最高人民检察院出台《最高人民检察院关于进一步加强未成年人刑事检察工作的决定》。其中第十三条规定，建立健全逮捕必要性证明制度和社会调查报告制度。要进一步加强对逮捕必要性证据、社会调查报告等材料的审查。公安机关没有收集移送上述材料的，应当要求其收集移送。人民检察院也可以根据情况，自行或者委托有关部门、社会组织进行社会调查，并制作社会调查报告。要综合未成年犯罪嫌疑人性格特点、家庭情况、社会交往、成长经历、犯罪原因、犯罪后态度、帮教条件等因素，考量逮捕、起诉的必要性，依法慎重做出决定，并以此作为帮教的参考和依据。

三、涉案未成年人社会调查的主体和基本流程

(一) 涉案未成年人社会调查的主体

2020年修订的《中华人民共和国预防未成年人犯罪法》规定，公安机关、人民检察院、人民法院可以自行或者委托有关社会组织、机构对未成年犯罪嫌疑人或者被告人进行社会调查。2019年最高人民检察院颁布《人民检察院刑事诉讼规则（2019）》，规定，人民检察院开展社会调查，可以委托有关组织和机构进行。

根据法律规定，社会未成年人社会调查工作的主体有两种情况。第一，由公安机关、人民检察院、人民法院自行开展涉案未成年人社会调查工作。第二，由公检法机关委托有关组织、机构开展涉案未成年人社会调查工作。在实践中，为了提升涉案未成年人社会调查工作的专业化和科学化、提高工作效率，越来越多的公检法机关将社会调查工作委托给社会专业机构。这些专业机构包括律师事务所和社会工作事务所。前者，由律师承担社会调查员的角色，如重庆市沙坪坝区人民法院委托援助律师或者未成年被告人的辩护律师承担社会调查工作。[①] 后者，由社会工作者担任社会调查员，如北京市有一些区的人民检察院采用这种模式。

社会调查员应具备以下能力。第一，社会调查员要具备过硬的政治素养和良好的道德品格。社会调查员要能够遵守各项规定、保守秘密、有正确的"三观"和善良的心。根据《未成年人刑事检

---

① 乔学慧，王嘉，苏锋主编．社工参与失足少年司法社会调查实务研究．北京：知识产权出版社，2016．

察工作指引（试行）》（高检发未检字〔2017〕1号）的规定，第一，调查人员开展社会调查时不得驾驶警车、穿着检察制服，应当尊重和保护未成年人名誉，避免向不知情人员泄露未成年人的涉罪信息。第二，社会调查员应当具有一定的社会学、心理学、法学知识。这是社会调查员有的放矢地开展调查工作的基础。第三，社会调查员应当具有一定的调查能力和调查方法，包括沟通能力和方法、信息收集能力和方法。第四，社会调查员应当具备良好的书面表达能力，以便能如实、客观地撰写调查报告，调查报告条例清晰、逻辑缜密，能够为司法机关办理案件提供重要的参考。第五，社会调查员应当具备一定的介入干预能力，具有帮教的专业技能，从而能够对涉案未成年人开展帮教。

（二）涉案未成年人社会调查的基本流程

笔者以司法机关委托社会工作服务机构开展未成年人社会调查为例，介绍涉案未成年人社会调查工作的基本流程。

涉案未成年人社会调查的基本流程分为接受委托、分配案件、告知说明、开展调查、撰写报告、提交报告审判阶段参与、考察帮教等步骤。

1. 接受委托、分配案件

公安局、检察院、法院（这三者简称为"公检法"）委托社会工作服务机构开展社会调查工作。社会工作服务机构在接到委托后，及时与承办该案件的人员联系，了解涉案未成年人的基本信息（如姓名、性别、身份证号、籍贯、文化程度、户籍地及现住址、家庭成员姓名及联系方式、涉嫌罪名、基本案情等），制作接案登记表，并将案件分派给社会调查员，每个案件应由两名一线社会调查员负责。需要注意的是，社会工作服务机构应当根据案件的性质和涉案未成年人的基本情况，选派最适合的社会调查员开展工作。在接到所委托的案件后，社会调查员应及时查看接案登记表，了解案件及涉罪未成年人的基本信息，以便更有针对性地开展社会调查工作。

2. 告知说明

为了保障社会调查对象的知情权，也为了社会调查员能够顺利开展社会调查和帮教工作，公检法机关的工作人员在委托社会工作服务机构开展社会调查的同时，应当将调查人员的组成、调查程序、调查内容及对未成年人隐私保护等情况及时告知未成年人及其法定代理人。社会调查员在开展工作中也应当实时做好通知和沟通工作，以便建立与被调查对象之间的信任关系。

3. 开展调查

社会调查员到看守所等场所与涉案未成年人进行访谈，就涉罪未成年人的成长经历、家庭背景、社会交往情况、对本次案件的认识及对日后的发展等进行调查了解，并记录好相关的谈话记录。此外，社会调查员可从卷宗中或从涉案未成年人处获取涉罪未成年人家庭成员、朋友、老师、工作单位负责人等重要他人的联系方式，并与他们取得联系，对所介入案件进行外围社会调查。通过外围调查，社会调查员应了解涉案未成年人家庭、学校、工作单位、朋辈群体的具体情况，包括相关人员与涉案未成年人的情感关系、涉案未成年人在这些环境中的表现、上述环境能否为涉案未成年人提供有效监护等，可对涉案未成年人进行更加充分的了解，同时，对涉案未成年人自己提供的信息进行核实，以确保社会调查的真实性。

4. 撰写报告

社会调查员在与涉案未成年人进行访谈，并对其生活环境进行外围社会调查后，应及时撰写并向公安机关出具《初次社会调查报告》。

5. 提交报告

在公安机关向检察机关提请批捕和移送审查起诉未成年人之前，提前通知社会工作服务机构提交《初次社会调查报告》，社会调查员向公安机关提交《初步社会调查报告》。公安机关提请人民检察院审查批捕未成年人刑事案件，应当将《初次社会调查报告》移送人民检察院。人民检察院审查公安机关移送的《初次社会调查报告》，作为衡量未成年犯罪嫌疑人是否具有社会危险性的参考依据。如果检察机关认为公安机关随案移送的社会调查报告内容不完整、不全面，则可以商请公安机关对社会调查进行补充，也可以自行补充开展社会调查。

6. 审判阶段参与

人民检察院起诉未成年人的刑事案件，需将相关材料，包括审查起诉阶段的《社会调查报告》随案移送人民法院。社会调查员可根据要求完善社会调查，做好未成年被告人审判前的教育和心理疏导工作。在庭审中，社会调查员根据法庭需要出庭参与审判。社会调查员宣读《社会调查报告》的相应内容，并接受法庭质询。

7. 考察帮教

本着教育、感化、挽救涉案未成年人的原则，社会调查不仅存在于侦查、审查起诉和审判阶段，也存在于考察帮教阶段。在对涉案未成年人附条件不起诉的考察期内，社会调查员开展社会调查，为社区矫正机构制定具有针对性的矫正方案和措施。对被判处刑罚的涉罪未成年人，社会调查员的调查工作是为执行机关开展教育改造提供参考。

那么什么是未成年人社会调查报告？该制度的理论基础、法律渊源以及运行机制是怎样的？本章将一一阐明。

四、未成年人社会调查报告的内涵

（一）未成年人社会调查报告的概念

未成年人社会调查报告，是指对未成年犯罪嫌疑人、被告人进行社会调查后所做的书面报告，对帮教和办案具备独有的价值。[①] 其中，"调查"是指具有专业资质的司法社会调查主体未成年犯罪嫌疑人、被告人的成长经历、犯罪原因、监护教育等情况进行调查。未成年人社会调查报告对办案和帮教均具有独特的价值。社会调查报告的主要内容包括涉罪未成年人个人的基本情况、家庭情况、成长经历、社会生活状况、犯罪原因、犯罪前后表现、是否具备有效监护条件及社会帮教条件等。根据《未成年人刑事检察工作指引（试行）》（高检发未检字〔2017〕1号）的规定，对于未成年人刑事案件，一般应当进行社会调查，但未成年人犯罪情节轻微，且在调查案件事实的过程中已经掌握未成年犯罪嫌疑人的成长经历、犯罪原因、监护教育等情况的，可以不进行专门的社会调查。

要特别指出的是，本章所讨论的未成年人社会调查报告仅涉及刑事案件。而目前在民事案件审判中所引入的相关机制被称为未成年人社会观护调查——在涉未成年人的离婚纠纷、抚养权纠纷、变更抚养关系纠纷、探望权纠纷、继承纠纷等民事案件审理中，法院委托第三方对未成年人的性格特点、成长经历、居住状况、学习环

---

① 苗红环，张寒玉，王英．未成年人社会调查报告的制作与完善［J］.中国检察官，2021（19）：66-71.

境、监护人的职业、经济能力、性格等开展社会调查，并出具社会观护报告，为法官做出裁判提供参考。关于未成年人的社会观护调查报告，本书将设专章予以讨论，此处不再赘述。

（二）未成年人社会调查报告的性质

法律并未明确规定未成年人社会调查报告的性质，未成年人社会调查报告的性质一直是学术界讨论的热点问题。有研究者认为涉案未成年人的调查报告具有证据的性质；有研究者基于调查主要是在审判前进行的事实，所以认为未成年人社会调查是"判前调查"；还有的研究者认为未成年人社会调查是一种"人格调查"。①在审判实践中，有的法院直接将未成年人社会调查报告认定为"书证"；有的则认为是鉴定结论；也有的直接将其作为证据材料进行法庭质证，但并未说明属于哪类法定证据；也有的判决并未明确说明其是否属于证据，仅在判决书中提及案件中存在未成年人社会调查报告。②

目前对于社会调查报告的表述，主要采用了"参考"的字样。2017年最高人民检察院发布的《未成年人刑事检察工作指引（试行）》中规定，人民检察院办理未成年人刑事案件，应当对公安机关或者辩护人提供的社会调查报告及相关材料进行认真审查，并作为审查逮捕、审查起诉、提出量刑建议以及帮教等工作的重要参考。2021年最高人民检察院在其印发的《最高人民检察院第二十七批指导性案例》中也指出，未成年人社会调查报告是检察机关认

---

① 文明．刑事诉讼中未成年人社会调查报告制度研究［D］．乌鲁木齐：新疆大学，2020．
② 方斯怡．刑事诉讼未成年人社会调查困境与出路［J］．哈尔滨学院学报，2022，43（10）：74-77．

定未成年犯罪嫌疑人主观恶性大小、是否适合作附条件不起诉以及附什么样的条件、如何制定具体的帮教方案等的重要参考。

笔者认为，无论未成年人社会调查报告属于定案证据、判前调查，还是人格调查，社会调查员都应在开展社会调查和出具调查报告时符合客观性、规范性和专业性。①

五、涉案未成年人社会调查报告的作用

社会调查程序是未成年人刑事案件办理中的重要组成部分，而社会调查报告是社会调查程序的成果体现。② 涉案未成年人社会调查报告在侦查、审查起诉以及审判阶段均具有重要作用。

从报告本身来讲，社会调查报告具有以下作用。

第一，未成年人社会调查报告具有描述作用。社会调查报告从横向和纵向的角度对涉罪未成年人越轨的风险性因素和保护性因素进行现实的和历史的、个体的和社会的描述。

第二，未成年人社会调查报告具有解释作用。社会调查报告帮助公检法办案人员将涉案未成年人的生活经历和生活环境状况中的具体因素与其越轨行为建立起联系，解释其行为发生的原因。在未成年人犯罪案件中，家庭多存在不同程度的不良因素，其中留守家庭、离异家庭、流动式家庭、单亲家庭、再婚家庭出现未成年人犯

---

① 最高人民检察院在2015年5月发布的《检察机关加强未成年人司法保护典型案（事）例》中指出，对于委托公益律师制作的社会调查报告，检察机关在认真审查其客观性、规范性、专业性的基础上将其作为是否适用逮捕强制措施、是否作不起诉或者附条件不起诉处理、提出合理化的量刑建议、开展继续羁押必要性审查以及有针对性地开展跟踪帮教的重要参考。

② 丛林，罗思洋. 未成年人案件社会调查报告优化建议［N］. 检察日报，2020 - 07 - 09（003）.

罪情况的家庭排名前五。社会调查的各个方面，虽然暗含着一条历史与现实的主线，但缺少对于这些因素之间动态的发生学阐释，必须进一步澄清哪些因素对其罪错行为产生了影响，理清这些因素发生作用的机制是什么，即要回答"为什么"的问题，从历史和现实的角度对其罪错行为加以解释。

第三，未成年人社会调查报告具有预测的作用。根据社会调查所收集的资料，社会调查员对涉罪未成年人的社会危险性进行评估，预测其犯罪行为再次发生的可能性。在综合以上内容的基础上，为司法机关进行定罪量刑提出建议。

六、涉案未成年人社会调查报告的现状与不足

作为保护未成年人权益的重要制度和少年司法理论的重要体现，涉案未成年人社会调查报告是公安机关、检察机关、审判机关、执行机关作出裁决与实施矫正的依据。[①] 然而，由于社会调查的目标不够明确，执行缺少规范，导致社会调查报告的形式和内容多样、水平不一。主要问题如下。

第一，社会调查报告的目标不明确。一份合格的社会调查报告，其调查主体应当明确，该报告的目标是在描述客观情况的基础上，对客观情况进行分析和解释，并通过心理量表、询问、谈话等手段预测涉罪未成年人的再犯风险和社区矫正情况。而大部分社会工作服务机构出具的报告均只注重对未成年被告人性格特点、家庭情况、社会交往、成长经历、犯罪原因、犯罪前后的表现、监护教育等情况的客观描述，却缺乏对上述客观因素之间动态的发生学阐

---

① 田宏杰，庄乾龙. 未成年人刑事案件社会调查报告之法律属性新探 [J]. 法商研究，2014，31（03）：116-122.

释——即没有从心理学和社会学角度厘清这些客观因素和未成年人罪错行为之间的关系。由于没有科学性的解释，因此大部分报告无法运用社会学的量化分析手段、心理学的心理测试技术等预测涉罪未成年罪错行为再发生的概率的情况。这种只重视客观描述，而忽略解释和预测的做法，主观上是由于调查主体缺乏心理学和社会学视角的观察，客观上则表现为忽略了社会调查制度的最终目的——教育、感化和挽救涉罪未成年人，更进一步导致无法具有针对性地开展社区矫正和帮扶活动。

现有的社会调查内容过于简单，只是围绕人、家庭、环境等进行调查，未能聚焦涉罪未成年人的心理创伤、亲子朋辈与自我的关系、行为偏差、情绪管理和认知偏差等内容综合量化分析再犯风险，难以清晰体现出涉罪未成年人的保护性因素和风险性因素。

第二，社会调查内容和方法具有随意性。我们对北京市2020—2021年各区检察机关委托社会工作服务机构出具的未成年人社会调查报告进行了考察，发现存在以下问题：虽然现行法律和相关规范性文件对于社会调查报告的内容均有规定，但规定稍显笼统——对社会调查方法、调查的具体内容、调查的期限等社会调查的程序没有做出统一、细致的规定，这导致调查主体在开展调查时具有很强的随意性。

在调查内容上，虽然大部分未成年人社会调查报告能够涵盖案主基本情况、家庭情况、社会关系、监护情况和帮扶条件等，但具体内容差异显著。这导致检察机关和审判机关无法全面客观地了解案主历史和现状。

在调查方法上，社会调查机构的调查方法差异显著。有的社会调查员偏向使用心理学量表，有的侧重使用心理绘画测验的方法。然而在量表的选择上、绘画测验法的依赖权重上缺乏科学性。

在调查程序上，目前社会调查员主要针对案主及其及亲属开展询问、谈话等方式，但由于现行立法就是否必须对其他社会关系进行调查、是否必须面谈等程序性问题没有统一规定，因此对主体的调查主要以面谈和电话访谈的形式完成，调查次数从1~12次不等。这导致很多调查浮于表面，不够深入。

第三，社会调查报告未能充分体现"最有利于未成年人利益"原则。在不同诉讼阶段，社会调查报告担负着不同"使命"。只有社会调查员充分理解了不同阶段社会调查报告的不同作用，才有可能更大程度去保护涉案未成年人的利益。

社会调研报告在侦查阶段的作用在于帮助公安机关决定是否采取非监禁手段；社会调研报告在审查起诉阶段的作用在于查明犯罪情节，帮助检察院做出无罪、附条件不起诉或者公诉的决定；社会调研报告在审判阶段的作用是成为法院定罪量刑的参考依据。在不同阶段，涉案未成年人的人身危险性、再犯可能性等情况并非一成不变，在每一种情况发生变化后，都需要再次确认何为当下未成年人的最大利益。社会调查报告应作为贯穿未成年人刑事案件程序始终的重要依据，并根据实际情况不断评估调整。然而，未成年人刑事特别程序中显然缺乏对社会调查报告的动态评估设计。[①]

[①] 宋英辉，李娜. 儿童利益最大化原则在刑事诉讼中的贯彻 [J]. 中国青年社会科学，2022，41（01）：117-129.

第二章
涉案未成年人社会调查的一般要素

《未成年人刑事检察工作指引（试行）》（高检发未检字〔2017〕1号）（以下简称《指引》）对涉案未成年人社会调查做出纲要性规定。对从事涉案未成年人社会调查的具体工作人员来说，在遵守这个《指引》的前提下，还要特别注意社会调查具体操作层面的一般要素，本章我们重点讨论七个方面：原则要素、方式要素、方法要素、过程要素、样本要素、内容要素和伦理要素。

一、原则要素

"实事求是"是所有社会调查的基本原则，涉案未成年人社会调查更强调"求实""求是"，"求实"原则强调通过社会调查寻求涉案未成年人发生发展的事实，"求是"原则强调通过社会调查实现对未成年人保护的"是"，以实事求是的调查结果服务涉案未成年人社会调查、未成年人保护与司法公正。

（一）"求实"原则：尊重未成年人的"实"

在涉案未成年人社会调查中，要充分发现未成年自身的事实，并尊重这个事实，从而为相关司法工作提供客观可信的信息。未成年人的"事实"至少包括以下三个方面。

1. 注重自然之"实"：未成年人自身的事实情况（个人的基本自然特征和基本的主体性特征）是涉案社会调查的基本点，其中，个人的基本自然特征包括生物性特征和健康状况，主体性特征是指个人在心理层面的认知性、情绪性和意志性特征。

2. 注重环境之"实"：未成年人所在的环境事实也是社会调查的基本点，其中包括家庭、同伴、学校、社区等要素。生态发展科学家布朗分布伦纳强调,① 未成年人的发展受到与其有直接或间接联系的生态环境的制约,这种生态环境是由若干个相互镶嵌在一起的系统所组成的,这些系统表现为一系列的同心圆。(1) 微观系统(microsystem):这是未成年人生活的场所及其周边环境,如家庭、学校、邻居和社区。(2) 中间系统(mesosystem):它是处于微观系统中的两个事物(如学校与家庭、学校与社区、家庭与社区)之间的关系或联系,对未成年人的发展有很大的影响。(3) 外层系统(exosystem):它对未成年人的发展只有间接影响而无直接的影响,比如,父母工作场所、家庭生活条件、各种视听媒体等,这些都会渗透到成人和未成年人的相互作用中去。(4) 宏观系统(macrosystem):它是未成年人所处的社会文化背景,包括来自某种文化或亚文化的价值观念、信仰和信念、历史及其变化、政治和经济、社会机构等。例如,西方文化更强调个人主义,而东方文化则更强调集体主义。(5) 时代系统(chronosystem):它主要是指儿童所生活的时代及其所发生的社会历史事件。

布朗芬布伦纳进一步指出,这些系统中的每一个系统都对个体的发展有着复杂的生态学意义;各个系统是相互联系、相互制约的,其中任何一个系统的变化都会波及另一个系统;个体的发展过程是其不断地扩展对生态环境的认识的过程,从家庭到学校再到社会;个体的生态过渡(即生态环境的变化)对其发展具有举足轻重的作用。

3. 注重发展之"实":涉案未成年人社会调查还要注重未成年人发展的时间维度,注重个人因素与社会因素在发展路径上的综合效用过程。

---

① 资料来源于 https://baike.baidu.com/item/%E5%8F%91%E5%B1%95%E7%94%9F%E6%80%81%E5%AD%A6%E7%90%86%E8%AE%BA/89981? fr = aladdin。

(二)"求是"原则:追求未成年人保护的"是"

国家发起涉案未成年人社会调查,以维护未成年人在刑事诉讼中的权利。通过第三方社会调查,检察机关和审判机关可以更全面地掌握涉案未成年人的生活环境、教育经历、人格特征等,从而为涉案未成年人争取合理的刑事处遇。未成年人社会调查制度是对国家未成年人保护责任的扩充,更是国家对实现未成年人利益最大化而做出的巨大努力,涉案未成年人社会调查是国家行使国家亲权的具体表现,因次,社会调查的第二个基本原则是追求未成年人保护的"是",要在法律框架下服务于未成年人保护的宗旨。

二、方式要素

笔者对少年司法相关涉案未成年人社会调查的文献进行了研究,结果发现:目前的涉案未成年人社会调查以质性访谈为主,个别调查附有量化的心理测评。值得注意的是,从科学性的角度来说,质性调查研究在客观上需要弥补,量化调查研究在感受上需要弥补,"求实求是"的原则要求涉案未成年人社会调查必须讲究科学性,要兼顾、整合质性和定量两种调查方式。①

质性调查,也被称为"定性调查","质性调查"与"定性调查"有类似之处,例如,两者都强调对意义的理解和解释,但又有很大不同。简单说来,"质性调查"强调调查的过程性、情境性和具体性,而"定性调查"更倾向调查的结论性、抽象性、概括性。

---

① 周明洁,张建新.心理学研究方法中"质"与"量"的整合[J].心理科学进展,2008(01):163-168.

我们在这里采用"质性调查"这一称谓来表明其独特性，强调质性研究是为了发现涉案未成年人特殊现象的意义模式而对文本和访谈进行调查分析和解释的一种调查方式。质性调查是一种典型的多元方法，包括一个针对其主题的解释性的以及自然主义的方法。这表明"质的"研究者在自然情境下研究，并且试图理解和解释调查对象带给他们的现象的意义。具体包括有计划地使用和收集大量的经验性的资料（个案研究、个体体验、反思、生活故事、访谈等）和视觉文本——描述个体生活中的日常行为、问题情境及其意义。

在质性调查中，理论来源于数据并且扎根于数据。与假设检验的方法相比，扎根理论通过以下方式发展起来：①不带任何假设的进入调查现场；②描述发生了什么；③基于观察的基础之上，对于事情为什么会发生给出明确的解释。与从概念层面到经验层面相反，扎根理论开始于经验层面（收集数据），终止于概念层面。

近年来，社会科学领域越来越倾向采用实证主义的调查研究范式，并且认为好的调查研究应该走实证的道路。实证主义的认识论基础是客观主义与经验主义。经验主义的认识论认为世界上存在"真正的客观实体和事件，这些客观存在的特征完全独立于任何有可能伴随他们而存在的信念之外"。实证研究的目标就是发现客观关系，并且尽可能地减少研究误差。实证研究的假设是建立在已有知识的基础之上的，一旦假设被证实，就可以让人们对被研究的行为有更深的理解。

定量的调查方法的认识论基础是实证主义，并且遵从科学主义的研究范式。科学主义的研究范式采用假设-推理的方式，也就是说，研究者始于某一个理论命题，并且在此命题的基础上建立起一套符合此命题的研究假设，这些假设尝试去预测两个或更多现象之间的关系。为了验证这些假设，不同学科的研究者均对要进行调查的现象进行严格的控制和设计。若没有严格的控制和设计，研究者就无法下结论说现象之间的关系是真实的、客观的。总的说来，定量的研究立足于收集事实，强调测量程序的信度和效度，遵从科学的方法，同时强调研究结果的一般性与可重复性

虽然"质"与"量"的研究方法各有其优势，但是也不可避免地存在一些弱点。如果将"质"与"量"的研究方法进行整合，进行优势互补，则能够最大程度地揭示未成年人涉案现象发生和发展的规律是我们所面临的课题。要对"质"的研究方法与"量"的研究方法进行整合，首先必须"去范式"，将研究的重点聚焦于研究问题，而非范式。其次必须将质性的资料与定量的资料放在同一个层面上进行比较。目前国外已有的一些研究结果表明，"质"与"量"的研究方法可以进行有效整合。而且，将"质"与"量"的研究方法进行整合，将会增加对所要研究问题的不同理解的视角，方法与方法之间没有好坏之分，与此同时，"质"的研究方法和"量"的研究方法一起使用，将使研究分析更加深入，并为解决问题带来更广泛的前景。

如何将"质"与"量"的研究方法进行整合，以达到扬长避短的效果，是承担涉案未成年人社会调查工作的人们所面临的一个重要的命题。有研究者认为，多种方法并用可以帮助研究者从不同的角度看待事物的面貌和性质，从而达到近似地把握事物的全部。对此，科学家曾做过一个形象的比喻：研究对象就像是漆黑房间里一件不能直接触摸到的物体，研究范式则是从各个角度投向该物体的光束。全部的光束都是有用的，光束越多，人们就能获得越多的信息。主张将"质"与"量"的研究方法进行整合的学者认为，方法是为研究服务的，只要有用，任何方法都可以拿来使用，而不应该受到名义上的限制。

既然将"质"与"量"的研究方法整合有益，也是可行的，那

么具体到操作层面，将两种研究方法进行整合需要做到哪几点呢？

首先就是"去范式"。前面我们已经讨论过，不同的研究范式在对同一个问题进行研究时具有不同的优劣，弱化范式、聚焦于研究问题是进行"质"与"量"的研究方法整合的一个首要环节。在社会科学与行为科学中重新建构研究方法的一种方式就是弱化"质的研究方法"与"量的研究方法"两种研究范式，而将研究方法区分为探索性的方法与验证性的方法。这样就可以在同一个框架下进行"质"与"量"的数据的收集与分析。在这里，定量的探索性分析的方法包括描述统计、因素分析、聚类分析等；而质的探索性分析的方法包含传统的主题分析。定量的验证性分析的方法包含一系列的推论性的分析，而质的验证性分析的方法包含验证性的主题分析。

其次就是将研究变量分成观测变量与潜变量。我们知道，观测变量不能直接与潜变量进行比较，只有在同一个层面上才能进行比较。在进行"质"与"量"的研究方法整合的时候应该将所有收集到的资料分为观测变量与潜变量。这样，质性的观测变量可以转变为定量的观测变量，质性的潜变量也可以与定量的方法分析出来的潜变量进行比较，经过这一有效的区分，"质"与"量"的观测变量与潜变量之间就能进行转换与比较。

第一步主要是采用"质"的分析的方法，将经过访谈得到的质性的资料进行现象学的分析与处理，并且形成主题。

第二步将每一个主题处理成一个二分变量，这是"质"与"量"的研究方法进行整合的关键性的一个步骤。在这个过程中，质性的资料就成功地完成了其数字化的转变，进入具备了定量的分析的基础。

第三步与第四步是利用转换成数字的数据进行定量的分析。第五步通过聚类分析的方式来描述每一个个体的反应模式，这恰恰体现了量化主题的"质"性。

通过这五个连续的对数据分析的步骤，即得到了质性的主题，这些主题是不带任何假设进入研究现场所获得的，体现了质的研究的"假设生成"的特点，能够得到研究对象自己对此问题的全面的看法，而不是对调查项目的反应。同时，通过步骤五的分析，可以得出每一个研究对象独特的反应特征模式，以对每一个个体进行更深入、细致的考察，体现前面所提及的质的研究的优势。我们还可以得到定量分析的结果，这些定量分析的结果具有一般性和群体性，适应于同类比较和推广，体现定量的研究的优势。这样，"质"与"量"的研究方法实现了优劣互补，实现了较为理想的整合。

三、方法要素

社会调查方法多元，除访谈法之外，还有文献法、问卷法、观察法、量表法等，不同方法互补能提高调查的科学性和准确性。现有的社会调查方法比较单一，以访谈法为主。本章笔者对涉案未成年人社会调查中的访谈法、文献法、观察法、问卷法和量表法进行举例对比说明。

访谈法通过与调查对象面对面地交流，加深对调查对象的了解，以获取第一手资料和信息的一种工作方法，其具体做法包括个人访谈、群体访谈等。访谈法的优点是方便可行，深入交谈可获得有效的资料。访谈法收集信息资料是通过研究者与被调查对象面对面直接交谈的方式实现的，具有较好的灵活性和适应性。访谈既有事实的调查，也有意见的征询，资料宝贵，要格外珍惜。例如，在涉案未成年人社会调查中，社工可与家长进行会谈，了解未成年人的发育史、受教育情况、同伴群体、健康等情况；也可以了解家庭成员关系、家庭功能、对未成年人的监护情况以及对未成年人回归帮教的支持程度。

文献法的主要功能就是搜集资料，并对搜集到的资料整理、分析和研究。文献真实性的检验是其中很重要的一项工作，高质量的文献资料的基本特点是真、新、全、准。例如，在涉案未成年人社会调查中，社工可以查找未成年人的学习成绩单、毕业证书、出勤记录、奖状等，用以了解未成年人的心理和发展。

观察法是根据一定的调查目的、调查提纲或观察表，用自己的感官和辅助工具去直接观察被研究对象，从而获得资料的一种方法。科学的观察具有目的性、计划性、系统性和可重复性。常见的观察方法有：核对清单法；级别量表法；记叙性描述。观察者往往要借助各种现代化的仪器和手段，如照相机、录音机、显微录像机等来辅助观察。例如，在涉案未成年人社会调查中，社工可以参与式观察涉案未成年人的学习情况或者家庭情况。

问卷法是通过由一系列问题构成的调查表收集资料以测量人的行为和态度的基本研究方法。例如，在涉案未成年人社会调查中，社工可以用关于某个领域法律的调查问卷了解涉案未成年人及其家人对法律的认知情况和认同态度。

量表法是量化程度比较高的一种调查法，通常根据测量的目的编制一系列测验项目（任务或问题），每一任务或问题细目各有事前规定的标准分数；在使用量表测量时，根据被调查者的回答对照计分，被调查者的量表积分就表示他在这个量表上的位置。例如，在涉案未成年人社会调查中，社工可以用攻击性量表评价故意伤害类案件涉案未成年人的攻击性水平，用人格量表评价其反社会性人格和美德性人格的得分情况，也可以用道德推脱量表了解其道德能力和道德认知。

访谈法作为一种言辞性证据，还不能充分真实地了解未成年人的特征，建议社会工作者比较不同方法的优缺点，多种方法共用，以达到对涉案未成年人相对客观准确的认识和理解。

四、过程要素

社会调查研究的一般程序通常是指对实际问题进行调查研究和解答的全过程。其一般程序可以分为四个阶段：准备阶段、调查阶段、研究阶段和总结阶段。

（1）准备阶段。准备阶段包括通过对现实问题的探讨，来选择、确定研究课题，明确调查任务；明确调查任务的目的、意义和要求；确定研究的指导思想和理论基础，澄清研究的基本概念；确定调查研究的类型和方式方法；将调查内容具体化和操作化，确定分析单位和调查指标；制定抽样方案；制定调查方案和调查大纲、表格，培训调查人员。

（2）调查阶段。调查阶段是整个调查研究过程中最重要的阶段，它的任务是利用各种调查方法（访谈法、问卷法、量表法、观察法、文献法）收集有关资料。调查的实施是直接深入实际，按照调查设计的内容和要求，系统、客观、准确地获取经验资料。资料的客观性、准确性是一项研究成功的基本保证。

（3）研究阶段。研究阶段的主要任务是在现有调查资料的基础上对资料进行系统的整理、分类、统计和分析。资料的整理、分析是对资料进行检查、核对、归类，将大量原始资料简化、系统化、条理化，使之适于进一步分析。在分析资料时，要采取由此及彼、由表及里、层层深入、具体分析的方式，然后从事物的相互联系中入手进行综合、抽象和理论分析，从整体上把握现象的本质特征和必然联系，找出涉案未成年人相关情况的真相。

（4）总结阶段。主要任务是：撰写调查报告，说明调查结果与研究结论，将调查报告中的研究成果应用到少年司法实践领域。另外，要总结本次调查研究工作中的优缺点，为今后的社会调查研究提供正反两方面的经验

五、样本要素

样本的代表性在一定程度上决定了结论的客观性，而在当前涉案未成年人社会调查中，对样本的选取表现出较大的随意性和主观判断性，需要推动在抽样方法、抽样过程和样本量上的规范化。

目前的涉案未成年人社会调查抽样，从样本来源看，主要来自涉案未成年人、家长和老师。需要从多个来源收集信息，如涉案者、受害者、司法人员、家人、老师、朋友以及其他熟悉罪犯的专业人士。还存在各方面的样本量普遍比较单一的问题，例如，在教室访谈中只访谈一位老师，班主任老师可能比较了解情况但也很可能因其认知的盲区导致观点的片面性；例如，家人访谈中只访谈母亲，母亲可能爱子心切导致观点不客观。

在以往调查中，抽样方法相对随意，通常以预约、偶遇为主，碰上谁就访谈谁是比较普遍的现象，而这种做法会极大影响调查结果的准确性。

六、内容要素

社会调查从内容上涉及三个层面，一是所有涉案未成年人的共性内容，如成长经历、犯罪原因和监护教育等情况；二是类型内容，同一类案件的涉案未成年人在认知、心理和行为上有同类项；

三是个性内容，具体到某个案件中的某个具体的未成年人有其个体的独特性。

（一）共性内容

《人民检察院刑事诉讼规则》对涉案未成年人社会调查的内容做了规定，主要包括成长经历、犯罪原因和监护教育三个方面。这些共性内容是社会调查的重点，必须详细深入展开。在成长经历中，涉及涉案未成年人发展过程中的关键事件和重要他人，选择典型事件和典型人物，并从典型中评估其风险性和回归可能性。在犯罪原因上，要特别了解当事人对犯罪过程、犯罪事实和犯罪原因的认知、态度和行为。在监护教育上，应重点关注监护人或家庭、学校等方面的支持性和安全性。

（二）类型内容

在共性内容的基础上，需要结合案件具体深入分析每类案件中涉案未成年人同类项，切不可浮于共性。例如，涉互联网类案件的未成年人具有互联网案件发生的一些共性，网络的虚拟本质降低了犯罪的现场感，多数犯罪行为不需要面对面（微信联系）、不需要直接接触（平台运作）、没有固定时间、没有固定地点，虚拟性极大弱化未成年人犯罪的负罪感和道德压力，这些同类案件有犯罪原因的共同项，是司法社工需要深入关注和分析的。

（三）个性内容

在共性内容和类型内容的基础上，要结合未成年人个体的具体情况继续深入调查，确保每个未成年人的权益得到保护。

七、伦理要素

涉案未成年人社会调查要遵循伦理,具体包括遵守知情认可原则(履行沉默权告知程序,律师具有社会调查报告的阅卷权)、中立客观原则、平等尊重原则、保密原则和回避原则,尽量避免对未成年嫌疑人、被告人的就学、就业和生活造成负面影响。

以上对涉案未成年人社会调查的原则要素、方式要素、方法要素、过程要素、样本要素、内容要素和伦理要素做了简要叙述,在下面的章节中,笔者将围绕这些基本要素对每类案件进行社会调查的实证分析。

第三章
未成年人涉抢劫案件的社会调查实证分析

抢劫罪是以非法占有为目的，以暴力、胁迫或其他方法，强取公私财物的行为。抢劫罪不仅是侵犯他人财产权利，同时也是侵犯他人的人身权利的罪行，其属于《中华人民共和国刑法》（简称《刑法》）第十七条规定的，已满十四周岁不满十六周岁的人，应当负刑事责任的八种严重暴力犯罪之一。2014年至2019年，我国检察机关共受理审查起诉抢劫的未成年犯罪嫌疑人数量为57 845人，占比15%，排名第二，数量仅次于盗窃的未成年犯罪嫌疑人数。不过自2014年开始，抢劫的未成年犯罪嫌疑人数量逐年下降，2019年人数减少61.15%，犯罪人数排名也从第二位降到第四位。① 2020年全国检察机关受理审查起诉抢劫的未成年犯罪嫌疑人数量为4 968人，占比9.1%，排名第五位。② 2021年检察机关受理审查起诉抢劫的未成年犯罪嫌疑人数量为7 186人，占受理审查起诉人数的9.7%，排名第四。与此同时，抢劫时侵害未成年人的犯罪也不容忽视，2021年，检察机关对侵害未成年人的犯罪提起公诉人数中，抢劫罪占7.0%，居第四位，仅次于强奸罪、猥亵儿童罪、寻衅滋事罪，③ 如图3-1所示。

---

① 数据和图表均来自最高人民检察院2020年6月1日发布的《未成年人检察工作白皮书（2014—2019）》，详见最高人民检察院官网 https://www.spp.gov.cn/xwfbh/wsfbt/202006/t20200601_463698.shtml#2，访问时间：2022年6月11日。

② 数据均来自最高人民检察院2021年6月1日发布的《未成年人检察工作白皮书（2020）》，详见正义网 http://news.jcrb.com/jszx/202106/t20210601_2284640.html，访问时间：2022年6月11日。

③ 数据均来自最高人民检察院2022年6月1日发布的《未成年人检察工作白皮书（2021）》，详见最高人民检察院官网 https://www.spp.gov.cn/spp/xwfbh/wsfbt/202206/t20220601_558766.shtml#2，访问时间：2022年6月11日。

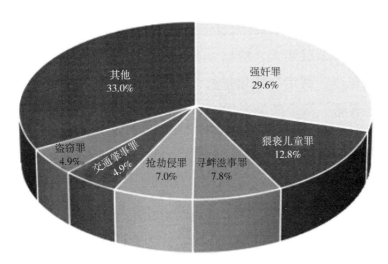

图 3-1　2021 年起诉侵害未成年人犯罪主要罪名分布情况

从上述统计数据可以看出,抢劫犯罪不仅是未成年违法犯罪的常见类型,也是侵害未成年人人身和财产安全的重要犯罪类型。未成年人抢劫多发生在学生群体之间,抢劫对象也大多是未成年人,多人一起结伙作案比较常见,主观动机比较随意,多为临时起意。未成年人抢劫的暴力程度往往也比较轻,多数只是拳打脚踢或者使用随身携带的凶器相威胁,对被害人造成轻微身体损伤或者没有损伤,索取的财物也主要是价值较低的学习、生活用品或零花钱。但我国刑法对抢劫罪并没有规定数额标准,只要行为人当场以暴力、胁迫或者其他方法实施了抢劫行为,无论最终结果是否抢到钱财,实际抢到多少,原则上都构成抢劫罪。

考虑到未成年人身心特点以及对犯罪未成年人坚持教育、感化和挽救的基本原则,《最高人民法院关于审理未成年人刑事案件具体应用法律若干问题的解释》第七条规定,已满十四周岁不满十六周岁的人使用轻微暴力或者威胁,强行索要其他未成年人随身携带的生活、学习用品或者钱财,数量不大且未造成被害人轻微伤以上或者不敢正常到校学习、生活等危害后果的,不认为是犯罪。已满十六周岁不满十八周岁的人具有前述情形的，一般也不认为是犯罪。对于罪错未成年人，应结合其抢劫行为具体情况和特点，遵循教育矫治规律，制定个性化帮教方案，实施有针对性的帮教工作。

本章选取了三个典型案例，案件一是未成年人临时起意入户抢劫的案件，其典型意义在于关注犯罪未成年人心理健康状况，加强心理疏导、家庭教育指导等多种措施，实现精准帮教。案件二、三讲述同一起案件中的两位涉案未成年人，这两位涉案未成年人在参与抢劫中都起辅助作用，该案件典型意义在于论述对于共同犯罪中的未成年从犯、初犯、偶犯，应当根据每名未成年人的社会调查情况分级处遇，合理设置个性化帮教计划，以实现矫治功能。

案例　未成年人抢劫案件

【基本案情】

案例一：

15岁的李某是河北人，因家中经济条件较差，父母长期在外地打工。李某自幼由爷爷抚养长大，因贪玩经常无故旷课，初一下学期便主动退学。李某还认为自己患有抑郁症、焦虑症、强迫症，经常心悸，说自己上网查过，自己表现出的症状和网上描述的抑郁症症状一样。李某的父亲称2019年1月李某查出患有抑郁症及心理方面的疾病，身体方面一直查不出原因，但李某经常会感到不舒服，呼吸不畅。2019年6月，李某退学后来到北京，与父母一起生活，工作过几天，觉得身体不舒服就一直在家休息，直至案发。2019年8月的一天，李某因父母不同意他立刻回老家看望爷爷，与父母发生冲突后离家出走，并随身携带了一把剪刀。随后，李某发现并尾随一名瘦小女生，并闯入她家中,持剪刀扎伤女生腰部并用言语相威胁。李某这时听到外面有脚步声很害怕,想去关门,该女生趁李某回身关门之际躲进了卧室,并说男朋友要报警,听闻后,李某方式离开。李某被抓获后,数次改变口供,一会儿称自己是抢劫,一会儿称自己只想打人发泄一下情绪,一会儿又称自己是想强奸未遂。

案例二:

屠某(17岁)原是北京某中学学生,在校期间成绩不错,还担任过班长,获得过三好学生。初中毕业后,屠某就读于某职业高中,其间屠某通过同学介绍认识了社会上的无业人员张某,二人交往后发展成恋人关系。屠某母亲得知后不准她与张某交往,态度强硬。屠某在张某的鼓动下,一起到张某居住的县城玩耍了一年多,学业就此荒废。屠某开始拒接母亲电话,半年后因没有生活费来源被迫给母亲打电话要钱。母亲借此前去看望并劝其回家,但无果,只好给她一万多元生活费,后又陆陆续续给过四五次钱,每次七八千元。

案例三:

林某(17岁)一岁时被母亲交给在河北老家的姥姥抚养,母亲在北京工作打拼,三岁时又被母亲送到林某的姑奶奶家抚养,与姑奶奶的儿子张某生活在一起,并结下深厚友谊。林某上学离开后,二人也会在放寒暑假时一起玩耍。林某五年级时父母离婚,被父亲接到内蒙古老家继续读书,初二时又回到北京,在一所私立学校完成初中学业,毕业后经人介绍成为健身房的游泳教练。

因为林某自小与张某熟识,又没有其他朋友,二人来往较多。林某听张某说别人欠他钱,让林某一起去要回来,林某就答应了。2017年11月的某天晚上21时许,张某、林某、屠某一起使用屠某的手机微信聊天将胡某骗至一地下台球厅包间内,张某为索要财物持刀威胁胡某,并对其进行殴打。在胡某无法提供现金的情况下,张某逼迫胡某写下一万元的欠条,并拿走胡某苹果手机一部、社保卡一张和市政交通学生卡一张。在整个过程中,屠某、林某二人并未对胡某进行殴打和威胁,二人被羁押或传唤到派出所以后,才意识到自己的行为是违法犯罪,后悔不已。

【法理分析】

抢劫罪是关于财产犯罪最严重的犯罪。根据我国刑法规定,以暴力、胁迫或者其他方法抢劫公私财物的,处三年以上十年以下有期徒刑,并处罚金,年满14周岁并具有刑事责任能力的自然人均可构成抢劫罪的主体。这里的暴力是指对被害人的身体实行打击或者强制,使其不能反抗,如殴打、捆绑或禁闭等;胁迫是指以当场实施暴力相威胁,使被害人因为恐惧而不敢反抗;其他方法是指除暴力、胁迫方法以外的,使被害人不知反抗或不能反抗的其他方法,如用药物或酒精麻醉被害人。此外,我国刑法还规定了抢劫罪的八种罪行加重情节:入户抢劫的;在公共交通工具上抢劫的;抢劫银行或者其他金融机构的;多次抢劫或者抢劫数额巨大的;抢劫致人重伤、死亡的;冒充军警人员抢劫的;持枪抢劫的;抢劫军用物资或者抢险、救灾、救济物资的,处十年以上有期徒刑、无期徒刑或者死刑,并处罚金或者没收财产。

根据2016年最高人民法院发布的《关于审理抢劫刑事案件适用法律若干问题的指导意见》,认定"入户抢劫",要注意审查行为人"入户"的目的,将"入户抢劫"与"在户内抢劫"区别开来。如果是以侵害户内人员的人身、财产为目的，入户后才实施抢劫，包括入户实施盗窃、诈骗等犯罪而转化为抢劫的，则应当认定为"入户抢劫"。但如果是因访友办事等原因经户内人员允许入户后，临时起意实施抢劫，或者临时起意实施盗窃、诈骗等犯罪而转化为抢劫的，则不应认定为"入户抢劫"。① 本章案例一中李某尾随他人闯入家中，持剪刀扎伤他人腰部并用言语相威胁，显然是未经允许非法闯入，至于李某所称的抢劫、打人或者强奸，都是以侵害户内人员的人身、财产为目的的。如果有证据能够证明李某确有以非法占有为目的，以暴力、胁迫或其他方法强取他人财物的行为，则可以认定为"入户抢劫"。抢劫罪侵犯的是复杂客体，既侵犯财产权利又侵犯人身权利，只要具备劫取财物或者造成他人轻伤以上后果两者之一的，就均属抢劫既遂；如果既未劫取财物，又未造成他人人身伤害后果的，则属抢劫未遂。在本案中，李某最终虽未劫取财物，但如果已造成他人轻伤以上后果，则可认定为抢劫既遂。

本章案例二、三中的两位案主屠某和林某共同参与了一起抢劫案件，共同犯罪在未成年人抢劫案件中比较常见。最高人民法院发布的《关于审理抢劫刑事案件适用法律若干问题的指导意见》要求，审理抢劫共同犯罪案件，应当充分考虑共同犯罪的情节及后果、共同犯罪人在抢劫中的作用以及被告人的主观恶性、人身危险性等情节，做到准确认定主从犯，分清罪责，以责定刑，罚当其罪。一案中有两名以上主犯的，要从犯罪提意、预谋、准备、行为实施、赃物处理等方面区分出罪责最大者和较大者；有两名以上从

---

① 参见最高人民法院《关于审理抢劫刑事案件适用法律若干问题的指导意见》，详见最高人民法院官网 https://www.court.gov.cn/zixun-xiangqing-37412.html，访问时间：2022年10月23日。

犯的，要在从犯中区分出罪责相对更轻者和较轻者。对从犯的处罚，要根据案件的具体事实、从犯的罪责，确定从轻还是减轻处罚。对于具有自首、立功或者未成年人且初次抢劫等情节的从犯，可以依法免除处罚。本案中屠某经同学介绍认识并成为无业人员张某的女朋友，又在张某的鼓动下离家出走近一年，后张某使用屠某手机把被害人诱骗至案发现场；林某则是听张某说别人欠他钱，让他一起去要回来，就答应了。二人均非主谋且初次参与抢劫，未对被害人进行殴打和威胁，悔罪态度良好，一贯表现也不错，再犯风险低，对于未成年人且初次抢劫的从犯，可以依法免除处罚。《最高人民法院关于审理未成年人刑事案件具体应用法律若干问题的解释》第十一条也规定，对未成年罪犯适用刑罚，应当充分考虑是否有利于未成年罪犯的教育和矫正。对未成年罪犯量刑应当依照刑法第六十一条的规定，并充分考虑未成年人实施犯罪行为的动机和目的、犯罪时的年龄、是否初次犯罪、犯罪后的悔罪表现、个人成长经历和一贯表现等因素。对符合管制、缓刑、单处罚金或者免予刑事处罚适用条件的未成年罪犯，应当依法适用管制、缓刑、单处罚金或者免予刑事处罚。①

【犯罪心理分析】

本章中涉及的几个案例，嫌疑人年龄为十五岁至十七岁，他们是怎么一步步走上犯罪这条路的呢？

1. 脱离学校教育主体，过早进入社会，放任自流

以上述案例中的李某为例，刚初一便退学在家，而后以做兼职

---

① 参见最高人民法院《关于审理未成年人刑事案件具体应用法律若干问题的解释》，中国政府网 http://www.gov.cn/ziliao/flfg/2006-01/24/content_169194.htm，访问时间：2022 年 10 月 23 日。

和打零工为生，这样漂泊和不稳定的生存环境对于李某这样的未成年人的心理发展是十分不利的。当未成年人过早地进入社会后，处于弱势地位的他们在社会的大熔炉里不仅占不到什么便宜，而且会更早地看到和接触到社会复杂的一面甚至是"黑暗"，低下的受教育水平使其无法判断是非曲直。为了应对成年人的复杂世界，未成年人情绪时常处在应激状态，心理不安全感始终伴随。由于李某退学打工时正处于青春期萌发的关键时刻，缺乏学校教育的正确引导，使其无力应对身心两方面的冲突。在李某看到被害人身材纤细、评估其攻击力较弱时即做出了尾随动作并最终实施了犯罪行为。

案例中的林某和屠某为同一案例中的两位涉案人。屠某在职业高中期间私自离开学校不去上学，和男朋友在他处一起生活并无视学校和家长的提醒，导致其放任自流。由于屠某心智不成熟，思想简单，加上受到不良教唆，陷入感情的漩涡不能自拔，最终导致其走上涉嫌违法的道路。林某在初中毕业之后就不愿意上学了，进入社会后缺乏良好的理性思维和行为自控能力，加上法律意识淡薄，甚至被传唤后才意识到自己的行为是违法犯罪，凸显了其头脑简单，严重缺乏规则意识。

案例中的三位未成年人过早地脱离了学校的主流教育，在生理和心理发育极不成熟的情况下提前进入了社会，由于缺乏社会经验，加上无人监管，逐步形成了无视规则、轻视法律的犯罪心态，进而做出了错误的判断和选择，走上了犯罪的道路，令人唏嘘。

2. 家庭结构不完整，功能不健全，亲子间缺乏信任和有效沟通

家庭结构不完整表现为父母一方或双方缺失，因父母离异、死亡、服刑或其他原因造成家庭残缺。[①] 家庭是人生的起点，是人生

---

① 胡婷婷. 未成年人犯罪心理分析及预防 [D]. 济南：山东大学，2012.

的第一所"学校"。人在早年是否生活在一个温暖和谐的家庭以及是否得到了父母无条件的爱对于一生的发展都很关键。这就要求家庭不仅结构完整,而且功能要健全。在李某的案例中,从小他的父母便不在他身边,由爷爷将其抚养长大,导致长期缺乏父母关爱。而后李某父母离婚,李某便对母亲产生了怨恨,最后拒绝和家人交流。长期缺乏陪伴的李某逐渐养成了内向孤僻的个性,遇到事情容易将事情压抑在心里,没有交流发泄的渠道,导致其不良情绪和不稳定感逐渐加深,这为他后来放任自流而导致犯罪埋下了伏笔。

在林某的案例中,林某自一岁起其母亲便离开了他,其被抚养环境一变再变,主要抚养人及抚养地频繁更换,在父母的婚姻出现问题后,林某更是无人问津,父母放弃了对他的管理教育,再加上仅有的沟通简单粗暴,使得林某性格存在严重缺陷,在以逆反心理为主的青春期犯下了本不应该有的罪行。

屠某的家庭结构相对健全,经济条件还算不错,虽然其父母离异,但其和继父关系融洽,继父将其视如己出,但是屠某家庭功能却不够健全,表现在严重缺乏父母的关爱,母亲常年忙于生意,疏忽了对屠某的照料,亲生父亲更是早早离开自己,一直未有联系。在屠某私自离开学校和其他犯罪嫌疑人离家去往别处生活时,其父母并没有第一时间关心孩子、接回孩子,导致其最后受人误导,走入歧途,犯下了罪行。

3. 同伴群体的不良影响

在未成年人社会化的过程中,同伴交往是一个十分重要的方面。儿童的同伴交往一般会经历父母控制、父母和儿童共同控制以及儿童自主控制三个阶段。进入青春期后,在自我意识和个性大爆发的背景下,未成年人极易结识一些不良青年,在涉世未深的情况下,容易走上邪路。通过对全国未成年犯的抽样调查分析发现,未成年犯罪嫌疑人的交友倾向为"兴趣相同"和"讲义气",[①] 很多未成年犯罪嫌疑人学习较差,在学校里的自身需求得不到满足。进入社会后经常在酒吧、台球厅、网吧等公共场所结交不良人士,缺乏判断力和自控力的他们很快陷入了不良的社会旋涡中。屠某和林某的案例均涉及同一案件。在这个案件中,主要犯罪嫌疑人张某为两人的共同好友,张某和屠某为男女朋友。在后续的调查中,屠某和林某均反映自己的犯罪行为受到张某的影响较大,尤其是屠某,其作为一个自小学习还不错的女孩子,家庭条件也较好,本身是一个文静单纯的人,但自从遇见了张某后,她在叛逆心理和恋爱的影响下,逐步接受了被张某指使甚至出现言听计从的情况,为后来涉嫌犯罪提供了可能。

【犯罪社会学分析】

社会支持网络结构的不健全可能导致未成年人犯罪。很多学者从不同角度定义了社会支持的概念,著名社会学家林南综合众多学者的讨论综合定义了社会支持,即社会支持是由社区、社会网络和亲密伙伴所提供的感知和实际的工具性或表达性支持。社会网络只是个人可以直接接触的一些人,包括亲戚、同事和朋友,这些人对个人来说十分重要。亲密伙伴是个人生活中的一种紧密关系,关系中的人彼此认同和期待,互相负有责任。每个人都拥有自己的社会支持网络,通常将社会支持网络分为两类:一类是非正式的支持网络,一般包括家庭、朋友、邻里等,正式的支持网络则包括学校、单位、专业机构等,在本章的案例中,涉案未成年人的社会支持网络结构或多或少存在缺失,因此这也是他们走上犯罪道路的重要影响因素。

---

① 关颖. 社会交往对于未成年人犯罪的影响分析 [J]. 调查与研究, 2012.

1. 非正式支持网络的缺失

在屠某的案例中，屠某的父母在屠某很小的时候离婚，屠某随母亲和继父一起生活，与生父的联系较少，缺少父爱的关怀。同时屠某从小就在寄宿学校读书，只有周末才回家与母亲见面，母亲文化程度不高，加之忙于工作，与屠某的沟通方式较为简单，因此，屠某缺乏与父母的情感交流，家庭未能为其提供充分的情感支持。由于屠某较小就离开老家，与继父一边的亲友接触较少，其在亲人层面得不到更多的社会支持。在朋辈方面，屠某在结识了张某后就荒废了学业，并且与家人断绝了联系，对爱情的认知出现了偏差，而她犯罪也恰恰是因为其盲目跟随男友的抢劫行为而造成的，由此可见，朋辈并没有给予她积极正向的支持，反而对她的发展起到了负面的影响。

林某与屠某所涉同一起案件，林某同样是父母离异，父母未能给予他完整的家庭支持，造成他性格较为独立，也造就了他较为明显的青春期逆反心理。由于林某长期来往于父母所在的城市，因此社区邻里对他也不甚熟悉，未能为林某提供相应的支持。除此之外，不良的朋辈影响也对林某的犯罪行为起到了不可忽视的影响，林某的发小张某，也就是另一名涉案人员，与林某从小相识，来往密切，但因张某的影响，林某的社会关系逐渐变得复杂，自身心智的不成熟、对"哥们儿义气"的错误认知以及张某的教唆，促使林某走上了犯罪的道路。

涉案未成年人李某的非正式支持网络同样存在缺失。李某家庭条件较差，父母感情多年不和，常年在外打工，李某与爷爷共同在老家生活。曾经父母分居时，母亲只带走了姐姐，导致他内心对母亲存有怨恨，家庭关系的不和谐造成了他内心的抑郁和焦虑，容易产生极端行为。李某退学后随父亲打工，但其自身性格较为孤僻，所处环境也较为陌生，并没有可以为其提供支持的朋辈群体，在家庭生活或工作中遇到困难时，既没有家庭的支撑，又缺少朋辈的帮助，情绪无处排解和发泄，因此在看到比他更为弱小的受害人时便产生违法行为。

2. 正式支持网络的缺失

学校是与未成年人关系最为密切的正式支持网络，学校教育对未成年人的成长和发展起着至关重要的作用。在屠某和林某的案例中，屠某犯案时虽为在校生，但已有一年未到校上学情况，可见学校在育人过程中还存在一定的疏漏。此外，屠某和林某的法律意识都十分淡薄，林某表示他所学习的一些法律知识只是在电视上看短片或是学校的一些法制宣传课上学到的内容，真正记住的比较少，由此也可以看出学校对于法律的宣传不够到位，并未关注法律教育和宣传的实际质量，也并未对宣传后续进行跟进，使得他们缺乏对法律的基本认知，从而间接造成犯罪的结果。涉案未成年人李某初一便退学在家，在其人格和"三观"养成的关键期，缺少了必要的学校生活、文化教育以及德育教育，也缺少了与朋辈群体建立关系、形成朋辈支持的重要途径和场所，这是导致他缺少必备的法律常识、对法律缺少敬畏之心以及形成较为极端性格的又一重要因素。

除了家庭和学校之外，未成年人的健康成长还离不开良好的社会环境，因此，政府相关的政策、监管等都对未成年人有着不可忽视的影响。涉案人员屠某和林某是在一家地下台球厅的包厢内对受害人实施的犯罪行为，近年来，台球厅、KTV、酒吧、网吧等亚文化场所也成为未成年人结交不良朋辈、实施犯罪的高发场所。许多对涉案未成年人的调查也发现，他们在离开学校后经常会出入此类场所，这足以说明虽然政府对于此类娱乐场所都做出了相关的规定，但是在实际执行过程中，仍然存在一定的漏洞，有关部门对于此类场所的监管力度和措施仍不到位，使得这些场所在一定程度上为犯罪行为提供了便利。

通过林某的案件可以看出，除了一些具体的场所外，媒体也成为了他违法犯罪的另一诱因。林某作为未成年人，在实施犯罪前曾经多次观看黄色视频，导致他产生与人发生性行为的想法和冲动，进而在其情绪无处宣泄时，选择伤害他人。林某作为未成年人能够反复多次观看黄色视频，可见在网络和信息技术高度发达的当下，对于未成年人使用网络和相关视频资源渠道的监督管理和政策落实情况仍然有待提高，文化传媒的导向和引领作用发挥不到位，未成年人在身心发展不成熟的情况下，很容易通过模仿习得一些不良行为，因此，必须加强对于媒体和网络环境的管控。

【社会调查实证分析】

1. 法律视角

未成年人心智尚未成熟、人格还未定型，大多数未成年人犯罪都只是一念之间。因此，司法机关对涉罪未成年人既要依法惩戒，又要教育帮扶，必须坚持教育、感化、挽救的基本方针，坚持以教育为主、以惩罚为辅，宽容而不纵容，最大限度地挽救涉罪未成年人，使其弃恶向善、重新做人。对涉罪未成年人进行司法社会调查，是司法机关从最有利于教育挽救涉罪未成年人出发，全面贯彻落实宽严相济的刑事政策和少捕慎诉慎押刑事司法政策。

首先，深入调查未成年人抢劫的动机和背景原因。未成年人抢劫的原因往往比较随性，其动机主要可以分为"追求物质"和"精神满足"两种。[①] 但究其根源，通常又与未成年人成长环境以

---

① 沈志先. 未成年人审判精要[M]. 北京：法律出版社，2012.

及家庭教育不当有着相当密切的关系。本章三个典型案例中的涉罪未成年人都存在监护教育不当或失管失教问题，导致未成年人行为出现偏差，一步步走向犯罪，对这些家庭应当提供必要的家庭教育指导和帮助。因此，司法社会调查应突出问题导向，找准问题根源，注意发现总结涉罪未成年人案件家庭教育存在的主要问题，有针对性地引导父母或者其他监护人改善家庭教育方式。着力解决父母或者其他监护人教育观念落后、主体意识不强、责任落实不到位，家庭教育方式不当、教育理念和方法欠缺，家庭成员法治意识淡薄等问题。司法机关可以借助社会专业资源提供个性化家庭教育指导服务。①

其次，详细了解未成年人抢劫的暴力程度和危害后果，加强"双向保护"。抢劫罪中的暴力或威胁一般要求必须达到一定程度，即在特定情况下，足以对被害人构成身体或精神上的强制，使其不敢反抗。

在司法实践中，如果已满十四周岁不满十六周岁的未成年人使用轻微暴力或者威胁，强行索要其他未成年人随身携带的生活、学习用品或者钱财数量不大，且未造成被害人轻微伤以上或者不敢正常到校学习、生活等危害后果的，不认为是犯罪。已满十六周岁不满十八周岁的未成年人具有上述情形的，一般也不认为是犯罪。②但对于这些因"情节轻微"不起诉的罪错未成年人也同样要重视帮扶教育及心理疏导工作，通过座谈和分别询问等方式，全方位了解

---

① 参见最高人民检察院、中华全国妇女联合会、中国关心下一代工作委员会联合印发的《关于在办理涉未成年人案件中全面开展家庭教育指导工作的意见》，详见最高人民检察院官网 https://www.spp.gov.cn/spp/xwfbh/wsfbt/202107/t20210710_523411.shtml#2，访问时间：2022年10月27日。

② 见《最高人民法院关于审理未成年人刑事案件具体应用法律若干问题的解释》第七条。

他们的心理活动、思想状况和行为动态,并与其监护人进行交流座谈,结合社会调查情况合理设置个性化帮教计划。而对于那些已满十六周岁不满十八周岁的未成年人,如果是出于逞强、耍威风心理以大欺小、以强凌弱或者寻求精神刺激,随意殴打其他未成年人、多次对其他未成年人强拿硬要或者任意损毁公私财物,扰乱学校及其他公共场所秩序,情节严重的,则以寻衅滋事罪定罪处罚更为恰当。① 这种行为暴力程度一般较低,对学校及其他公共场所秩序的侵害大于对他人财产权益的侵害,其实更加符合寻衅滋事罪的特征。②

此外,对涉罪未成年人严管厚爱的同时,还要特别注意加强对未成年被害人权益保护,全力关爱救助未成年被害人。未成年人抢劫的对象多为未成年人,要注意调查被害人受侵害前后有无异常表现(如上课状态、精神状态等),及时开展心理疏导,帮助其走出心理阴影。

最后,认真剖析未成年人的主观恶性和悔罪态度,合理评估其再犯风险,注重诉源治理。未成年人抢劫主观恶性往往不深,甚至会因为同情被害人而放弃抢劫,事后也大多为自己犯下的错误后悔不已,悔罪态度良好。但也不排除有极个别未成年人存在主观恶性深、犯罪手段残忍、后果严重、屡教不改的情况。对涉罪未成年人依法从宽,决不是一味纵容。对这一类未成年人依法惩治也是一种特殊形式的教育挽救,不仅让涉罪未成年人感受法律威严,同时也是在警示教育其他未成年人。习近平总书记强调:"法治建设既要

---

① 见《最高人民法院关于审理未成年人刑事案件具体应用法律若干问题的解释》第八条。
② 顾保华.《关于审理抢劫、抢夺刑事案件适用法律若干问题的意见》的理解与适用 [J]. 人民司法, 2005 (10): 18 – 21. DOI: 10.19684/j.cnki.1002 – 4603. 2005.10.06.

抓末端、治已病,更要抓前端、治未病"。深化治理、源头预防是最实、最有效的保护。未成年人保护治罪与治理并重,办理涉罪未成年人案件,不能止于办好个案,更重要的是针对个案、类案发生的原因,做实诉源治理,力防相关案件反复发生。①

2. 心理学视角

未成年人抢劫类案件具有很强的暴力性,危害程度较大,量刑较重,对未成年人的身体和心理冲击较大。有些未成年人是在缺少法律意识的情况下不慎落入犯罪的漩涡,根本没有预料到自身行为的严重性,一旦归案后情绪就会难以自持。调查人员在工作时要把尊重和理解犯罪嫌疑人的基本需求和诉求作为首要关切,本着保护未成年人的原则,引导他们陈述基本事实,做到科学反省和反思。在与其父母或者其他知情人沟通时也应该注重理解和尊重,积极寻找他们回归社会的有效因素,帮助他们梳理要素、链接资源,争取从最合理的角度来评估他们的再犯风险,科学合理地制定帮教方案。

(1) 从未成年人的成长经历和关键事件上来寻找其犯罪的原因。

抢劫类案件具有较强的暴力性。涉案未成年人往往具有激情、冲动、暴力、情绪跨度大等特征。这种行为习惯和处事方式的养成和涉案未成年人成长经历密不可分。有些涉案未成年人甚至仅仅因为过往生活中的一个或者几个关键事件从而导致其产生用暴力解决问题的性格特点。因此,调查人员在工作过程中要善于和被调查人

---

① 张军:最高人民检察院关于人民检察院开展未成年人检察工作情况的报告——2022年10月28日在第十三届全国人民代表大会常务委员会第三十七次会议上,详见正义网 http://news.jcrb.com/jsxx/202210/t20221029_2458793.html,访问时间:2022年11月1日。

共情，从而获得其基本欣然，从而了解该未成年人成长经历中的关键点，找出其犯罪行为及心理的关键当量，只有这样才能在制定帮教方案上更有侧重和效率。

（2）认识到未成年案件工作的双重属性，注重普法宣传。

未成年案件既是司法工作的有机组成部分，又是未成年人工作的重要环节。要保障这项业务健康发展，既要遵守司法运作的基本原理，也要符合未成年人工作的特殊性，二者缺一不可。要注重对法律的宣传，让他们真正懂得哪里是禁区。从本章所涉及的三个案例中我们可以看到，三人在所涉案件中均存在不同程度的法律盲区，甚至毫无法律意识，凸显了在教育过程中法律宣传普及的缺位以及效果的不理想。他们不仅法律意识淡薄，而且对法律缺乏敬畏感，缺乏换位思考的能力。有些涉案未成年人对法律一知半解，认为未成年人不会受到法律的惩罚。还有一些是相对懂法，并且熟知未成年人犯法可以减轻或免除责罚。针对这些不同的情况，调查员要细心分辨，分别引导对待。

（3）注重对未成年人回归社会积极因素的保护。

未成年人犯罪时往往是首次触犯法律，与其涉世未深、家庭情况、不良引导都有着复杂的关联，案发时存在着偶发性、爆发性、集中性的案件特点。因此，未成年人回归社会、走上正轨的有利因素很多。在调查人员工作的过程中，不能急于求成，要注意对未成年人的隐私保护，不能以突出严重性和脱离事实的方法来达到警示的效果，要在尊重被调查人的基础上引导其多谈自己的真实想法，提问时适当增加开放性提问，敏锐观察其心理和行为的积极面和阳光面，并加以记录。在和其家长、教师、涉案相关人的访谈中要评估他们对此案和涉案人的接纳态度，对于有着诸多积极回归因素的案例要巩固其成效，为以后寻找专业帮扶机构和专业人士为其及家庭开展有效服务提供良好的基础。

3. 社会学视角

（1）积极走访涉案未成年人的家庭，了解家庭对他们的教育方式，修正不良教育方法，力图重塑未成年人与家庭的关系，完善家庭支持系统。

（2）重构涉案未成年人的朋辈支持系统，对未成年人曾经的学校、同学、朋友进行走访，了解其行为和性格特点，并帮助他们在回归社会后重新建立朋辈支持系统。

（3）积极了解学校的教育过程，尤其是德育以及法治教育的过程，全面认识和了解涉案未成年人的品格特征和对法治的认知等。

（4）可以开展教育和成长类小组活动，增强他们的法治观念，强化法治意识，同时帮助他们发现自身潜能，为回归社会打下良好的基础。

第四章
未成年人涉盗窃案件的社会调查实证分析

盗窃罪历来是未成年人犯罪中最为常见、比率最高的犯罪类型。最高检发布的《未成年人检察工作白皮书（2014—2019）》显示，全国检察机关受理审查起诉未成年盗窃犯罪嫌疑人人数由2014年的22 706人下降到2019年的14 316人，虽然降幅达36.95%，但未成年盗窃犯罪嫌疑人人数总体占比仍高达30%。① 2020年全国检察机关共受理审查起诉未成年盗窃犯罪嫌疑人14 405人、占全部犯罪嫌疑人人数的26.4%；② 2021年，受理审查起诉未成年盗窃犯罪嫌疑人19 061人，占受理审查起诉总人数的25.8%。③ 由此可见，盗窃犯罪一直是未成年人犯罪中主要类型，也是司法和理论研究中的重要议题。随着我国社会经济的高速发展，外部社会环境变迁也给未成年人盗窃犯罪带来了诸多新现象、新问题，有待深入研究。

盗窃罪是指以非法占有为目的，盗窃公私财物数额较大或者多次盗窃、入户盗窃、携带凶器盗窃、扒窃公私财物的行为。2011年2月，全国人大常委会颁布《中华人民共和国刑法修正案（八）》取消了对盗窃罪适用死刑，并将原来的盗窃数额较大和多次盗窃两种罪状表述为五种情形：一是盗窃公私财物，数额较大；二是多次盗窃；三是入户盗窃；四是携带凶器盗窃；五是扒窃。对盗窃罪的认定不再仅限于"数额"和"次数"两个标准。

---

① 数据和图表均来自最高人民检察院2020年6月1日发布的《未成年人检察工作白皮书（2014—2019）》，详见最高人民检察院官网 https://www.spp.gov.cn/xwfbh/wsfbt/202006/t20200601_463698.shtml#2，访问时间：2022年6月11日。

② 数据来自最高人民检察院2021年6月1日发布的《未成年人检察工作白皮书（2020）》，详见正义网 http://news.jcrb.com/jszx/202106/t20210601_2284640.html，访问时间：2022年6月11日。

③ 数据来自最高人民检察院2022年6月1日发布的《未成年人检察工作白皮书（2021）》，详见最高人民检察院官网 https://www.spp.gov.cn/spp/xwfbh/wsfbt/202206/t20220601_558766.shtml#2，访问时间：2022年6月11日。

第四章 未成年人涉盗窃案件的社会调查实证分析

根据我国刑法对刑事责任年龄的划分规定，凡是已满十六周岁并具备刑事责任能力的人犯盗窃罪，都应当承担刑事责任。未成年人盗窃是一个复杂的社会问题，往往以"小偷小摸"者居多，偶发性强，无恐惧感。[①] 近年来，未成年人盗窃还呈现出团伙化、智能化、闲散失学人员增多等特点。虽然未成年人盗窃的原因各不相同，但分析总结个案之后也能发现一些共性的影响因素。

从内因上看，主要是未成年人自控力差，分辨是非的能力较弱，法制观念淡薄，相当一部分人误认为"小偷小摸"只要金额不大就没什么事，不满十八周岁盗窃不用负刑事责任。此外，爱慕虚荣、盲目攀比、追求享乐、好逸恶劳等错误的人生观和价值观，也是未成年人盗窃的重要原因之一。

从外因上看，受到社会上"享乐主义""不劳而获"等不良风气影响，加上部分家庭、学校对孩子教育管理不当，未成年人很容易被网络不良信息或者身边的不良朋友引诱犯罪，甚至越陷越深，不能自拔。一部分因为各种原因失学、辍学的闲散未成年人，由于自身认知水平有限，好奇心强，又缺乏家庭和学校的正确教育引导，更容易受到外界诱惑走上犯罪道路。

本章选取了两个典型案例，其一是未成年人刚出狱就再次因涉嫌盗窃被抓获的案件，其典型意义在于如何通过司法社会调查正确把握此类未成年人犯罪心理和原因，帮助其重归社会。其二是未成年人在外流浪，以盗窃维持生存的案例，其典型意义在于未成年人多次"小偷小摸"，但未达到较大数额，应当如何分级处遇以实现矫治功能。

[①] 姚建龙. 中国青少年犯罪研究综述 [M]. 北京：中国检察出版社，2009.

案例　未成年人盗窃案件

【基本案情】

案例一：

小李自幼生活在河北农村。他刚读完小学一年级，就不去上学。他说"当时我不愿意上学，觉得上不上学没什么区别"。9岁时，其母亲无法忍受其父亲的殴打，带着小李的弟弟回了老家，从此再也没有回来。

13岁那年，小李跟着一个大人来北京找工作，大部分时间都是做临时工，多数时候住在北京西站的地下通道，冬天冷了，就会去一些24小时营业的肯德基、麦当劳休息。小李说"我喜欢和朋友去一些人群密集的地方玩，特别是节假日，人多挺热闹的。这个过程中，我朋友会有拿别人东西的行为。"小李觉得"偷东西这件事确实不对。我要是有钱的话，肯定不会去偷，我文化少赚不到钱，没有办法。"据公安机关反馈，小李曾经多次实施过盗窃行为，但大多次由于年龄较小，未予以惩处。

2016年，刚满14岁的小李就因抢劫被判有期徒刑一年；2018年又因盗窃被行政拘留五日；2018年再次因抢劫被判有期徒刑两年。在2016年12月至2020年8月的大多数时间里，小李都待在看守所或者监狱里。

2020年8月，17岁的小李再次出狱，先在廊坊市找了两份工作。一份工作是在饭店端盘子、学配菜，干了半个月，饭店老板说担不起雇用未成年人的责任，就不让他干了。还有一份工作是晚上去贴传单、发卡片。小李说："我晚上11点30到凌晨4点30去贴传单、发卡片，凌晨4点30之前赶到饭店做早饭,基本每天就这么干,干了14天,我赚了1 400元。"(但后来小李又称自己在这期间一直没有干过活)2020年8月31日,小李跟随在廊坊火车站认识的一位大哥来到北京,因为缺钱,小李9月1日凌晨撬锁入户盗窃笔记本电脑一台(价值人民币550元),当日7时许二人又一起在他人住处盗窃两部手机(共计价值人民币1 210元)和一个钱包(内有20元港币),后被抓获。

案例二:

小高来自内蒙古农村,初一时其就读的学校被合并,很多同学都外出打工,他家庭经济条件差,于是也想出去挣钱,便不再上学了。退学后,小高来到呼和浩特市的饭店打工,主要在后厨干一些打荷、配菜的杂活。干了两年多,小高觉得后厨工作很无聊,日复一日,枯燥乏味,每月工资才3 000多元,就瞒着家人独自乘坐大巴到北京找工作。

刚到北京,小高住了两晚宾馆,后又花400元租了一个月单间,加上吃喝,三天就把身上带的900多元花光了。于是,小高开始找工作,先后做过酒店服务员、饭店和酒吧服务员、超市收银员等,但因为他没有身份证,又是未成年人(16岁),没有老板敢长期雇用他。半年中,父母陆陆续续给小高转过3 000元生活费,希望他回家,但小高不愿意回去,他说:"就那个家,换成任何人都不愿意回去。十年如一日的穷,没有任何出路。只会让人觉得冷漠,他们天天吵架"。于是,小高宁可一直在北京"流浪",偶尔做一些兼职,有时候在网吧留宿;有时候在即将拆迁的废弃民房里偷住;有时候露宿街头,即便如此他也不愿意回家。他说:"但凡给我2 000元我都愿意干,那时候真的是身上一分钱都没有。我忍饥挨饿,晚上连住的地方也没有。"

> 2019年11月21日凌晨2时许,小高在某购物中心一家店内盗窃现金70余元。第二天凌晨3时许,他又在该店盗窃现金20元,并盗窃另两家餐厅的羊肉和凉粉食用。第三天凌晨2时许,小高再次盗窃其中一家餐厅的凉粉食用。第四天凌晨0时许,小高在该购物中心藏匿并准备盗窃时被保安抓获。他说:"我知道会被抓,但是不担心,我偷东西会控制量,就算被抓也没啥大事。"

【法理分析】

我国《刑法》第二百六十四条规定:"盗窃公私财物,数额较大的,或者多次盗窃、入户盗窃、携带凶器盗窃、扒窃的,处三年以下有期徒刑、拘役或者管制,并处或者单处罚金;数额巨大或者有其他严重情节的,处三年以上十年以下有期徒刑,并处罚金;数额特别巨大或者有其他特别严重情节的,处十年以上有期徒刑或者无期徒刑,并处罚金或者没收财产。"其中,盗窃公私财物价值1 000元至3 000元以上为"数额较大",3万元至10万元以上为"数额巨大",30万元至50万元以上的为"数额特别巨大"。考虑到我国幅员辽阔,各地区之间经济发展不平衡,各省、自治区、直辖市高级人民法院、人民检察院可以根据本地区经济发展状况,并考虑社会治安状况,在前述规定的数额幅度内,确定本地区执行的具体数额标准,报最高人民法院、最高人民检察院批准。① 目前北京市执行的具体数额标准分别对应为2 000元、6万元、40万元。

如果盗窃公私财物,具有下列情形之一的,"数额较大"的标

---

① 详见2013年4月4日起施行的《最高人民法院 最高人民检察院关于办理盗窃刑事案件适用法律若干问题的解释》第一条。

准可以按照上述标准的百分之五十确定：（一）曾因盗窃受过刑事处罚的；（二）一年内曾因盗窃受过行政处罚的；（三）组织、控制未成年人盗窃的；（四）自然灾害、事故灾害、社会安全事件等突发事件期间，在事件发生地盗窃的；（五）盗窃残疾人、孤寡老人、丧失劳动能力人的财物的；（六）在医院盗窃病人或者其亲友财物的；（七）盗窃救灾、抢险、防汛、优抚、扶贫、移民、救济款物的；（八）因盗窃造成严重后果的。

盗窃的对象可以是有体物，如首饰、手表、电脑等，也可以是无体物，如电力、电信号码、游戏币等。只要具有一定的经济价值，哪怕数额较小，都可以成为盗窃罪的对象。例如案例二中小高盗窃的凉粉虽然价值不大，但也是刑法所保护的对象。

然而，"数额"标准并不是构成盗窃罪的唯一判断标准。多次盗窃、入户盗窃、携带凶器盗窃、扒窃亦可构成盗窃罪。

首先，根据《最高人民法院　最高人民检察院关于办理盗窃刑事案件适用法律若干问题的解释》，二年内盗窃三次以上的，应当认定为"多次盗窃"。在同一时空范围对不同被害人实施盗窃，以及在不同时空对同一被害人实施盗窃均应分别计次。例如案例二中的小高在同一天连着盗窃了两家餐厅以及前后两天都盗窃了同一家餐厅的凉粉，应分别计算次数。但是，并非只要二年内盗窃三次以上就一律按盗窃罪处理，还应当综合考虑行为的时间、对象、方式以及窃取的财物数额等。尤其是对于"小偷小摸"的未成年人，情节显著轻微的，即便多次盗窃也不宜认定为盗窃罪。[①] 因此，小高虽多次盗窃，但金额都不大，使用其他更为和缓的处遇措施将更有利于对其进行矫治。

其次，"入户盗窃"是指非法进入供他人家庭生活，与外界相

---

① 沈志先. 未成年人审判精要［M］. 北京：法律出版社，2012.

对隔离的住所盗窃的集体宿舍、旅店、宾馆、工棚等，不属于"户"；但单身宿舍、大学毕业生合租屋等符合生活特征，可以认定为"户"。案例一中小李虽然两次盗窃数额均未达到"数额较大"标准，但因符合"入户盗窃"情形，亦可构成盗窃罪。因为入户盗窃不仅侵犯了公民的财产，还侵犯了公民的住宅安宁，严重危及公民的人身安全，应严厉打击。

再次，"携带凶器盗窃"是指携带枪支、爆炸物、管制刀具等国家禁止个人携带的器械进行盗窃，或者为了实施违法犯罪携带其他足以危害他人人身安全的器械进行盗窃。需要注意的是，"携带凶器盗窃"仅限于未使用凶器的情形，如果行为人盗窃时，为窝藏赃物、抗拒抓捕或者毁灭罪证而当场使用凶器施暴或者威胁的，应当以抢劫罪定罪处罚。

最后，"扒窃"是指在公共场所或者公共交通工具上盗窃他人随身携带的财物的行为。扒窃行为往往技术性比较强，行为人以团伙作案、惯犯居多，反侦查能力强，他们不仅侵犯了公民财产和人身安全，同时也严重扰乱了公共场所秩序，应当予以严厉打击。不过应当注意的是，如果行为人是趁事主短暂离开时窃取他人随身携带的财物的，则不宜认定为扒窃。

当然，并非只要有上述盗窃行为就一律以盗窃罪论处，对于"情节显著轻微、危害不大"的尚未达到犯罪标准的盗窃行为，《中华人民共和国治安管理处罚法》第四十九条也规定了相应的拘留、罚款等行政处罚措施。案例一中小李2018年因盗窃被行政拘留五日也正是基于该法律规定。分级处遇制度对犯罪未成年人实现矫治目的具有重要意义。

【犯罪心理分析】

本章中讲述了两个案例，这两个案例中的未成年犯罪嫌疑人在事发时年龄为十六岁到十七岁之间,让我们来看看他们的犯罪心理是怎么发生的。

1. 经济因素是导致盗窃行为发生的直接因素

我国的地区经济发展存在较大的差距,许多贫困地区的成年人长期外出打工,其子女多留在家乡由爷爷奶奶或其他亲属抚养。由于缺乏有效的监管和培养,这些留守儿童往往早早辍学、流浪社会,又由于缺乏经济来源,便走上犯罪道路。以本章的案例来看,无论是高某还是李某,经济原因都是造成其犯罪的直接原因。

高某上学至初一便退学,本该在学校接受系统教育的他却早早进入社会打工和兼职。来到北京后因自己是未成年人且无身份证,很难找到工作,长时间缺乏经济来源使其始终处于流浪和漂泊的状态。为了解决自身的生存需要,于是铤而走险,选择盗窃。相比高某,案例中的李某文化水平更低,受教育水平仅为小学一年级,且在调查中发现,其基本的认知功能和逻辑思维能力均存在一定问题,而且李某的工作内容比高某更分散,KTV、贴传单、发小广告、工地搬砖均有他的身影。由于没有合法的经济来源,基本生存条件无法保障,使其非常容易做出盗窃行为。事实上,李某曾因多次盗窃被刑事拘留。

2. 认知功能不健全或存在偏差是导致犯罪的间接因素

由于缺乏有效教育,许多未成年犯罪嫌疑人在认知发展方面存在一定缺陷,导致他们无法适应现代社会或出现认知偏差,继而做出犯罪举动,这也是未成年人犯罪的重要因素。

以李某为例,在调查中该犯罪嫌疑人多次出现类似不会算数以及时间观念模糊等情况,这是其基本认知功能可能受损的信号。他不认可"君子爱财,取之有道"的基本信条,而是愿意选取快捷省力的方式获取不义之财。由于李某认知水平有限,年龄小且易受暗示，因此极易受到在成年人的挑唆与蛊惑，与其同犯案的乔某正是其犯罪的推手之一。在高某的案例中，调查人员多次发现其存在认知偏差或不合理信念。由于认为服务员、保安等工作是低级的工作，会被人瞧不起，高某错失了得到稳定收入的机会，反而走上了一条不劳而获的不归路。高某是一个反应能力和表达能力都不错的未成年人，且调查人员发现其情绪相对稳定，每次在作案时只拿很少的钱，说明了其知法懂法，但由于高某存在不合理的信念，不能踏实安分工作，所以选择了犯罪。

3. 家庭的贫困和残缺是导致犯罪行为的根本因素

未成年人没有独立的经济能力，没有物质生活来源，主要靠成年人抚养。家庭比较贫困的儿童时常在节衣缩食的环境中度过，基础需要的长期缺乏容易使得未成年人形成自卑、胆小、孤僻的性格特点，也更容易形成某种认知执念和不合理信念。此外，家庭的不稳定和残缺也是很多未成年犯都面临的现实情况和巨大挑战。李某的父亲和母亲离婚后，母亲便离开了他，他缺少了母亲的关爱，常常陷入孤独和迷茫之中，和父亲生活在一起时又时常被父亲殴打。这样近乎残酷的家庭环境造就了李某对家庭不满，记恨父母，也使他与家庭的关系越发疏离，得不到家人的监管与支持，提高了他违法犯罪的风险。高某在自述中也反复提到了家庭对他的影响。因为父母关系紧张，李某很早感受到了人性的黑暗，甚至认为自己是家庭环境的受害者，在家庭中感受不到温暖，只能在外面流浪。李某在没有钱、没有外界支持的情况下，只能做出盗窃行为来满足自己，其将错误归结于家庭。

【犯罪社会学分析】

1. 家庭与社会管理双重缺位导致青少年越轨行为

社会学家默顿提出社会和文化系统的两个要素——文化取向目

标和制度化手段，如果一种文化平稳地运行，这两个要素必须是相互结合的，如果一个人认为某一目标是重要的，那么需要通过合法手段去实现目标，若一种文化中缺乏目标与制度的相互结合，则会出现失范的状态。本章案例的两位主人公都将获取财物作为自己的行为目标，但又缺乏达到这一目标的合法手段，因此产生越轨行为，可以通过探析他们的家庭和犯罪前的生活状态，未找到他们犯罪的原因。

在李某的案例中，李某的家庭经济条件较差，父母离异，母亲远走他乡多年未联系过他，父亲对他也疏于管教，更是在他离家之后也与他失去联系，因此，他基本靠在城市流浪为生。小学未毕业的他由于没有赖以谋生的技术手段，又因其年龄等现实原因无法获得稳定的劳动机会，在这样的情况下，他获得财物这一目标的手段受到严重限制，目标与手段之间的割裂会对他形成严重刺激，同时也会为他带来愤怒感和挫折感，因此，他通过改变达到目标的手段而获得目标的达成，也就产生了越轨行为——盗窃。

在高某的案例中我们同样可以看出，虽然他的家庭看似完整，也与父母保持着一定的联系，但其父母感情并不和睦，经常吵架甚至互相打骂，对他的教育方式也较为简单粗暴。另外因为家庭经济条件不好，高某在学校期间还曾遭受过同学的歧视和欺凌，在其离家后，父母对他更是缺乏有效管理手段，因此，对他的性格和认知产生了不良影响，令他对财富以及获得财富的手段存在认知偏差，两者之间产生冲突，最终导致其个人的失范状态。

此外，在本章的两个案例中，两名未成年人在实施犯罪前都曾有过在城市流浪的经历，其犯罪的动机和手段也都存在相似之处，这不得不让我们意识到，流动未成年人作为城市的边缘群体，在社会管控缺位的状态下很容易出现越轨行为。

一方面，随着我国工业化、城市化进程的不断加速，我国城市的空间结构、人口结构和文化结构也在发生着巨大的变化，大量外来人口涌入城市，导致城市中原有的道德、文化、习俗等非正式社会控制手段力量逐渐减弱，而相应的管理体制如果尚不完善，就容易出现城市的规范真空。

另一方面，城市良好的基础设施和生活娱乐方式对流动未成年人也有着很强的吸引力，虽然这些都要付出巨大的成本才能够得到满足，而这恰恰更加刺激了未成年人对于金钱的渴望，也促使他们毫无规划地消费，消费过后，巨大的现实落差又会使他们的渴望加剧，便有可能通过违法手段达到自身的满足。加之本案中两位未成年人受教育程度有限，自身的未成年状况令他们难以通过工作途径达到相应的目标或获取更多的资源，资源的匮乏和能力的不足会使他们产生强烈的被剥夺感，在心理状态尚不完全成熟的情况下，容易采用对抗的手段来对待这种强烈的压迫感，同时也让他们从心理上对自己的犯罪行为更加认同，将犯罪行为合理化。

2. 社会纽带要素较弱，缺少对犯罪行为的抑制能力

犯罪学家赫希认为，如果个人和社会之间的纽带比较薄弱或者破裂，人就会产生犯罪行为，他认为除非有充分的理由抑制犯罪行为，否则人类最基本的冲动会促使人类产生违法犯罪行为，个体与家庭、学校、朋辈等的互动关系越密切，其产生违法犯罪行为的可能性就越低，反之，违法犯罪的可能性就越高。赫希把违法犯罪的主要因素概括为依恋、投入、参与、信念，从这四个维度，可以探析本章涉案未成年人的犯罪动机。

个人对他人的依恋越强，其在受到犯罪行为诱惑时，被诱惑的可能性越低，尤其子女对父母的依恋是影响孩子产生犯罪行为最重要的变量。在本章的两个案例中，两名未成年人与家庭的关系都比较疏远，依恋关系较弱，因此其"超我"的发展不良，容易产生犯罪行为。

投入要素是指个体为实现传统目标（例如教育、财富等）所花费的时间、精力等。如果未成年人将大量精力和时间花费在实现传统目标过程中，则他们在这一过程中的收益越大，越有可能避免犯罪行为。本章中的两名未成年人并未接受过太多的教育，退学后也没有稳定的工作和收入，因此，犯罪的成本较低，也更容易出现犯罪行为。

参与要素主要表明个人的时间和精力都是有限的，如果一个人长期忙于参与常规活动，那么他就不会有时间或精力参与越轨行为。案例中的两名未成年人都是城市流浪儿童，不需要上学也并没有工作，流浪状态使他们变成了"事实孤儿"，有大量的闲暇时间，加之自身生活陷入困境，就更促使他们走向犯罪道路。

社会纽带的另一个要素是信念，赫希认为少年出现违法犯罪行为的一个原因是其自身缺乏能够阻止自己进行越轨行为的有利信念，这种信念既包括对法律的认知，也包括对于社会规范和道德的敬畏感。在上述案例中，两名未成年人一方面由于受教育程度的相对欠缺，缺少最基本的法律常识和认知。另一方面，由于自身从小的家庭环境和他们实施违法犯罪前相对流浪的生活状态，造成了他们"低道德感"的现状，对于规范有着一定的反抗情绪，加上自身能力与目标的不匹配，所以很容易走上犯罪的道路。

【社会调查实证分析】

1. 法律视角

未成年人盗窃，从作案手段、过程、结果上看似乎与成年人差不多，但如果从未成年人的生理和心理发展规律考察，就会发现未成年人好奇心重且心智发展尚未成熟，对自己行为的认知和控制能力明显不足，很容易因为外界不良影响而"一失足成千古恨"，所以对于未成年人盗窃的处理应当区别于对成年人盗窃的处理，以"教育为主，惩罚为辅"。而且，在实施盗窃行为的未成年人中，一部分是初犯、偶犯，罪责感比较强，易于矫治；也有一部分自幼偷盗成习惯，罪责感不强，难以矫治。因此，全面细致的司法社会调查，是准确分析未成年人盗窃个案的不同情况，给予恰当的分级处遇措施，实现矫治功能的重要基础。

一方面，应当重点关注未成年人盗窃的主观因素，包括盗窃的动机和目的、对盗窃行为和结果所持的心理态度等。盗窃罪主观上表现为故意，且具有非法占有的目的。如果未成年人只是未经物主同意而擅自挪用了他人物品，用后归还的，则不构成盗窃罪。有些未成年人好奇贪玩，"顺手牵羊"拿了他人物品之后又随意丢弃或随意转手给人，主观上并没有明显的非法占有目的；有些未成年人根本意识不到自己盗窃物品的重大价值（如实验材料、仪器等），酿成大祸；还有些未成年人是受到他人教唆、指使、胁迫或者引诱实施盗窃的。

未成年人对自己实施的危害社会的行为及其结果所持的心理态度，往往与成年人迥异，必须通过社会调查来详细了解行为人的认知和控制能力、盗窃动机和目的等。这不仅是正确定罪量刑的需要，更是日后对未成年人进行心理和行为矫治，制订帮教计划的基础。对未成年罪犯适用刑罚，应当充分考虑是否有利于未成年罪犯的教育和矫正。对罪错未成年人"宽容而不纵容"，"探索建立罪错未成年人临界预防、家庭教育、分级处遇和保护处分制度"也是最高人民检察院在《2018—2022 年检察改革工作规划》中提出的一项重要工作内容。①

---

① 《2018—2022 年检察改革工作规划》，详见中华人民共和国最高人民检察院网站 https://www.spp.gov.cn/，发布时间：2019 年 2 月 12 日。

另一方面，应当详细了解盗窃未成年人成长经历、一贯表现和悔罪态度，正确分析其回归社会的风险性和帮教条件。如果是初犯、偶犯且一贯表现良好，盗窃动机单，盗窃手段简单，社会危害性小，再犯风险比较小等，可以依法建议附条件不起诉或者相对不起诉。

例如河南高中生庞某在网吧上网时，趁邻桌不注意，将其价值2 920元的手机盗走。兰考县检察院受案后审查认为，庞某是在校学生，平时学习成绩及在校表现良好，积极退赃、认罪悔罪，而且将在2018年参加高考，决定对其做出附条件不起诉。《附条件不起诉决定书》中明确写道："不得进入营业性网吧；每月至少一次到焦裕禄烈士纪念园进行义务劳动；接受国学教育，熟背《弟子规》，每月写一篇心得体会；每月向检察院未检部门递交一篇思想汇报……在考验期内没有上述情形，考验期满的，本院将作出不起诉的决定。"七个月的考验期满后，兰考县检察院结合庞某邻居、学校、焦裕禄纪念园的意见，在高考前依法对其作出相对不起诉决定并封存犯罪记录。庞某高考后被第一批次本科院校录取。①

附条件不起诉同时要设立对涉罪未成年人的监督考察程序，以根据考察结果决定是否起诉，对未成年人也起到一定的管束和惩戒性质，有利于未成年人改过自新，回归社会。相对不起诉是指犯罪情节轻微，依照刑法规定不需要判处刑罚或者免除刑罚的。《最高人民法院　最高人民检察院关于办理盗窃刑事案件适用法律若干问题的解释》第七条规定：盗窃公私财物数额较大，行为人认罪、悔罪，退赃、退赔，且具有下列情形之一，情节轻微的，可以不起诉

---

① 中华人民共和国最高人民检察院. 解构兰考三位一体未成年人犯罪帮教模式［DB/OL］. https://www.spp.gov.cn/zdgz/201905/t20190516_418458.shtml. 最后访问时间：2022年5月24日.

或者免予刑事处罚；必要时，由有关部门予以行政处罚：（一）具有法定从宽处罚情节的；（二）没有参与分赃或者获赃较少且不是主犯的；（三）被害人谅解的；（四）其他情节轻微、危害不大的。

《最高人民法院关于审理未成年人刑事案件具体应用法律若干问题的解释》第九条还规定了绝对不起诉的几种情形，已满十六周岁不满十八周岁的人实施盗窃行为未超过三次，盗窃数额虽已达到"数额较大"标准，但案发后能如实供述全部盗窃事实并积极退赃，且具有下列情形之一的，可以认定为"情节显著轻微危害不大"，不认为是犯罪：（一）系又聋又哑的人或者盲人；（二）在共同盗窃中起次要或者辅助作用，或者被胁迫；（三）具有其他轻微情节的。已满十六周岁不满十八周岁的人盗窃未遂或者中止的，盗窃自己家庭或者近亲属财物，或者盗窃其他亲属财物但其他亲属要求不予追究的，可不按犯罪处理。

2. 心理学视角

涉盗窃类案件的未成年人具有独特性，可能会影响其再犯风险和回归社会的评估。在社会调查中要重视并充分调查其认知发展、意志特征、动机特征等相关心理因素。

（1）从未成年犯的认知发展角度出发来进行调查。

认知是人认识外界事物的过程，或者说是对作用于人的感觉器官的外界事物进行加工的过程。未成年人实施犯罪行为的年龄多在青春期，尤其以十五岁至十八岁为主。一般这个年龄段的未成年人正在学校接受系统教育，认知也处在快速发展期，思维、能力、道德发展水平处在较高的位置。但是一些未成年犯往往受到家庭和社会环境的影响早早辍学，导致其认知发展相对滞后，认知结构不完善，甚至出现严重的认知缺陷。

从上述的分析中我们看到本章所列举的案例中两位未成年人均

存在不同程度的认知结构缺陷，甚至有严重的认知偏执。社会工作者在开展工作时要充分的利用不同的社会调查方法来评估其认知结构和认知发展水平，可以从社会认知、他人认知和个人认知等方面着手。社会认知要充分考虑现代多元社会和文化对未成年人造成的冲击和影响，看看他们是否存在金钱至上、享乐主义、江湖义气等社会价值观念。他人认知要从未成年人能否接纳他人的建议与帮扶，以及是否有情绪共情和反哺的能力来评估其被帮扶矫正的可能性。个人认知应从其对自己的认识是否存在"妄自尊大"或"妄自菲薄"等情况来分析。有的人因为过分看重自己却又不能正确认识自己而深陷于矛盾中，时而狂妄自大，时而自怨自艾，久而久之便产生偏激观念。

（2）从未成年犯的意志特征角度出发来进行调查。

意志是人在特定目的支配下，自觉地调整自己的行为，并不断排除阻力，克服困难的心理过程。意志具有四个方面的品质，即自觉性、果断性、坚持性和自制性。未成年人的意志防线相对脆弱，坚持性和自制性都不够，导致了他们存在好逸恶劳、坐享其成等不良观念。有时即使意识到自己的所作所为不正确甚至触犯法律，但薄弱的意志使得他们一次次放松了对自己的要求。还有，未成年人实施盗窃往往是一种习得的稳定的行为，不少盗窃犯都是惯犯，虽然他们经过教育感化后往往能认识到自己的错误，但是稳定的习惯和意志防线的决堤使得他们一再地铤而走险，一旦成功反而就巩固和强化了这种行为习惯，导致犯罪观念强化，犯罪行为不断固化。

（3）从未成年犯的动机特征角度来进行调查。

动机是激发和维持有机体的行动，并将使行动导向某一目标的心理倾向或内驱力。犯罪动机和一个人的主观恶意性有较大的关联，它是判定犯罪人的主观恶性程度的一个心理指数。未成年犯实施盗窃行为有不少是首次且盗窃数额或价值较小，个别只是临时起意，贪图不义之财，想法简单，犯罪意图简单，主观故意和恶意程度轻。因此，对于未成年犯的实施盗窃犯罪动机调查应是不可缺少的。如果未成年人是基于好奇、受较强暗示，甚至追求冒险刺激等因素进行犯罪的，且认罪、悔罪态度好，那么后期对于该未成年人的帮扶与矫正就相对容易。如果是惯犯，则其犯罪动机可能就不会是单纯地呈现随机性和不稳定性，这样的案例矫正难度就相对较大，矫正也很不容易。

总之，在对盗窃类案件开展社会调查过程中要充分了解未成年人心理发展的特点和模式，结合其认罪态度和动机特征，分析其主观恶性和社会危险性，统筹考虑各种因素，最终做出适当的处理。本着教育感化挽救的原则，促使情节轻微的未成年犯迷途知返，以感恩之心回报社会。

3. 社会学视角

（1）深入了解涉案未成年人与家庭、学校、朋辈间的依恋关系及互动情况，掌握他们的生活背景，尤其是要争取与他们的父母取得联系并进行深入沟通，进而了解其性格、人格形成的深层次因素。

（2）对涉案未成年人在打工和流浪期间的雇主、同事、房东、邻居以及所结交的朋友进行探访，全面了解他们的社会生活方式。

（3）可以在服务过程中设置一些特殊小组活动，例如增加一些挑战性的活动，让他们在完成活动的过程中增强自身信心，增加一些计划性活动，以提升他们做事的规划性，并在活动中让他们协助制定小组规则，以增强他们的规则意识。

第五章
未成年人涉放火案件的社会调查实证分析

放火罪是指故意引起火灾，危害公共安全的行为，也是我国《刑法》规定的危害公共安全类犯罪的典型表现形式。放火罪侵害的客体是公共安全，可能会造成不特定的人数伤亡或者使不特定的公私财产遭受难以预料的重大损失。虽然从最高人民检察院近年来发布的三份《未成年人检察工作白皮书》统计数据可以看出，2014年至2021年，我国检察机关受理审查起诉放火未成年犯罪嫌疑人人数占比都很小，但是未成年人放火造成重大损失的案件却同样令人触目惊心。

北京市2002年发生的"蓝极速网吧"放火案中，4名犯罪嫌疑人均为未成年人，因其中二人曾被拒入网吧而与服务员发生争执，心生报复，遂买来汽油点燃网吧门口的红地毯，结果造成25人死亡，多人受伤，公私财产遭受重大损失。江苏某公司未成年务工人员，因受到公司负责人的批评教育，心生不满，遂点燃仓库，造成经济损失32万余元。河南省方城县某村民因家庭琐事与刚满14岁的儿子发生争执，儿子一气之下将父子二人共同居住的五间瓦房点燃，连同屋内的电视机、被子等物品被全部烧光。①

未成年人心智尚不成熟，辨别和控制能力还不健全，常常因为一时冲动、泄愤报复、好奇心重或者天真无知而轻易实施放火行为，但大多数涉案未成年人都没有充分意识到自己的"小小举动"会危及公共安全，或者怀有侥幸心理，最终造成的实际危害后果也往往超出了其预料和控制，但悔之晚矣。根据我国《刑法》第一百一十四、一百一十五条相关规定，放火罪是故意犯罪，在主观方面表现为明知自己的放火行为会引起火灾，危害公共安全，并且希望或者放任这种结果发生。如果因为用火不慎引起火灾，造成了他人重伤、死亡或者使公私财物遭受重大损失，危害了公共安全，则应

---

① 吴运广，任红梅. 放火燃烧自己财物是否构成放火罪 [J]. 中国检察官，2013 (18)：78.

认定为失火罪。如果由于不预见或者不能抗拒的原因引起火灾，危害公共安全，行为人主观上既无故意，又无过失，则不构成犯罪。所以在对未成年人放火案件进行社会调查时，应重点关注行为人对自己放火行为及其结果所持的心理态度，包括放火目的与动机、意识因素和意志因素。这不仅是司法机关正确定罪量刑的基础，也是明确今后帮教重点的突破口。

本章选取了三个典型案例，案件一是未成年人因好奇而七次点燃公共场所卫生间厕纸的案件，其典型意义在于如何准确认定放火行为是否危及公共安全。案件二是未成年人因与父亲赌气而将灰烬倒在沙发上引起火灾的案件，其典型意义在于如何正确认定因焚烧自己的财物引发火灾的行为。案件三是未成年人因报复泄愤而点燃事主电动车后座引发火灾的案件，其典型意义在于对于再犯风险低的失足未成年人进行分级处遇，尽力教育挽救，促使其回归社会。

案例　未成年人放火案件

【基本案情】

案例一：

郝某（17岁）从小父母离异，对父亲几乎没有印象。郝某出生时，其母亲因躲避计划生育在山西的姑姥姥家生下的他。郝某一直都和母亲一起生活在姑姥姥家，直到6岁时才随母亲回到河北老家上小学。六年级时，郝某开始经常拿家里的钱出去玩，为此常被母亲打骂。14岁那年，郝某拿走家里1万元去网吧玩游戏，一个多月后母亲在邻县的网吧里找到了他。郝某念过两次初一，第一次因升学考试没有考好，只能上较差的中学，但他不愿意读，母亲又找关系帮他转到另一所较好的中学。

上学时，郝某经常被人欺负，有人向他收保护费，他就骗母亲说学校要收书费，有时也会偷拿母亲的钱买零食，慢慢地母亲不再相信他了。初一读了两个月后，郝某辍学在老家的鞋厂打工，一个月有3 000元工资，他全部花在了打游戏上。一年后郝某第一次到北京，因为没有身份证找不到工作，曾在酒店发放卖淫嫖娼的卡片被抓进派出所被批评教育，后郝某返回老家。又过了两年，郝某第二次来到北京时，连续两天在某麦当劳餐厅厕所及附近厕所内，七次用打火机将厕所内卫生纸点燃，然后引燃垃圾桶，后被查获。郝某说自己知道这个行为不对，但没想到事情会闹得这么大，也没想过会被抓，现在很后悔。

案例二：

高某（17岁）小学时父母离异，一直与父亲一起生活。小学五年级左右，高某性格内向、不合群的特点逐渐凸显。初中时，班主任曾建议高某的父亲带他去做心理咨询。高中班主任老师还特地为他安排了一个性格开朗的同桌帮助他。高一暑假的时候，高某离家出走了一段时间，回来就不愿意再去学校，办理了休学。

据高中班主任反映，高某在学校完全不理睬同学，不做作业，上课过程中有时会突然眯着眼躺在地上，有时会撕书放在嘴里嚼。高某父亲也反映其在家中有很多反常行为，比如长时间不换衣服，在楼道内小便，在家里点火烧纸，从楼上往窗外扔东西。16岁时高某开始在家里、楼道里点火烧纸，后来越来越频繁，有时还把尚未完全熄灭的灰烬倒在父亲床上，或者直接放在父亲面前。高某父亲也曾劝说、阻挡，并想带高某去做心理咨询，但均未果，反而使双方关系恶化。

有一天，父亲不在家，高某赌气又将烧纸后的灰烬倒在父亲的沙发上，然后出门了。不料火势越来越大，后被邻居发现而报警。高某一直表示自己也没有想到灰烬会酿成大火，这不是他的本意，今后不会再和父亲赌气，不会再烧东西。

案例三：

刘某（17岁）自幼与父母一起生活在北京，就读于北京某中专学校，偶尔会与朋友去酒吧、夜店等娱乐场所。有一天，刘某跑完步以后回家，因为比较累，就坐在了楼道里的电动自行车后座上休息，正好车主（邻居）过来问他："坐这里干吗？"他就赶紧走了。后来这位邻居每次碰到他就瞟眼看他，刘某心里很不舒服。一天遛弯时，刘某与女朋友因琐事在电话里发生争执，心情不好，回家时正好看见邻居那辆电动车停在楼道里，他就把后座点着了，最终造成该电动车被烧毁，电梯消防设施及墙面受损。刘某说："后来我用水弄灭了，后座只是冒烟，我以为烧不起来，就走了。没想到过了20分钟火又着起来了，邻居说烟特别大。""自己太冲动了，没想到会着火，也没想到会被发现，楼道里没有监控，但是不知道电梯顶角有监控，知道有监控的话肯定不这样做了。"后来刘某的父母第一时间赔偿了被害人，并取得谅解。刘某说觉得自己对不起大家，"当时那么危险，不仅给父母惹了麻烦还丢了人"。

【法理分析】

根据我国《刑法》规定，以放火方法危害公共安全，尚未造成严重后果的，处三年以上十年以下有期徒刑；致人重伤、死亡或使公私财产遭受重大损失的，处十年以上有期徒刑、无期徒刑或死刑。其中，"尚未造成严重后果"包括两种情况：一是放火行为没有造成任何实际损害后果；二是放火行为造成了一定的实际损害后果，但并不严重。

放火罪属于具体危险犯，只要发生了危害公共安全的具体危险，即便没有造成任何实际损害后果，那么也构成犯罪。[①]但是，并非所有的"放火"行为都会危害公共安全，需要在司法审判中结合每个案件情况具体分析。例如在空旷无人的广场上燃烧他人财物，不会危害到公共安全，不构成放火罪，充其量有可能构成故意毁坏财物罪。本章案例一中郝某连续两天在某麦当劳餐厅厕所及附近厕所内，七次用打火机将厕所内卫生纸点燃，然后引燃垃圾桶，虽因被人及时发现而未造成严重后果，但如果从当时的周围环境、燃烧条件、燃烧对象物本身的性质、结构等综合考虑，足以形成危及公共安全的客观危险，则可以认定为放火罪。

由此可见，是否危及公共安全，是认定是否犯放火罪的关键。何谓"公共安全"？学界对此存在不同观点，我国刑法理论一般认为公共安全就是指不特定或者多数人的生命、健康或者财产的安全。"多数"是公共安全这一概念的核心，[②]"不特定"除了指具体侵害对象的不特定之外，还包括行为所可能侵害的人数，即范围难以确定，"不特定"随时有可能向"多数"发展。[③]

例如本章案例二中高某因赌气将在家中烧纸的灰烬倒在父亲沙发上后，自己也出门了，就是放任这种危险的发生，其行为已经对周围邻居不特定或者多数人的生命、健康或者财产的公共安全造成危害。那么，高某在家中焚烧自己的财物是否构成犯罪呢？从法律上讲，任何人对属于自己的财产都享有处分权，包括法律处分（如

---

① 张明楷.刑法学[M].北京：法律出版社，2011.
② 张明楷.刑法学[M].北京：法律出版社，2011.
③ 黎宏.论放火罪的若干问题[J].法商研究，2005（03）：117-124.

出租、转让等）和事实处分（如毁坏、焚烧等）。但是，任何权利的行使都必须以不损害国家、集体和他人的利益为前提。如果燃烧自己的财物，不足以危及公共安全，则不构成犯罪。如果焚烧自己财物甚至是自焚行为足以危害公共安全，则也可能构成放火罪。

本章案例三中刘某把邻居停在楼道里的电动车后座点着了，因而造成该电动车被烧毁，电梯消防设施及墙面受损，但尚未达到《刑法》第一百一十五条规定的"致人重伤、死亡或使公私财产遭受重大损失的"结果加重程度，但完全符合刑法第一百一十四条规定的"以放火方法危害公共安全，尚未造成严重后果"的情形，应当认定为危险犯既遂。

刑法理论上通常将"烧毁"作为放火罪既遂成立的标准。但对"烧毁"的定义存在不同的理解：

（1）"独立燃烧说"认为即使对象物离开了放火的媒介物也能独立燃烧起来即为烧毁，此观点强调的是放火罪对公共安全的危险性质。

（2）"丧失效用说"则认为对象物的重要部分因燃烧丧失效用时即为烧毁，此观点更加注重放火罪对财物的损害性质。

（3）"重要部分燃烧说"认为当对象物的重要部分开始独立燃烧即为烧毁，很显然此观点是前两种学说的折中方案。

（4）"毁弃说"认为燃烧使对象物达到故意毁坏财物罪中的毁坏程度即为烧毁。我国刑法界多赞同采用"独立燃烧说"。

案例三中刘某说自己后来用水弄灭了，后座只是冒烟，以为烧不起来就走了，没想到过了20分钟火又着起来了。刘某的这一自动行为因未能有效阻却公共危险的发生，不能构成犯罪中止。而且，虽然刘某的本意只是焚烧他人财物，但因为该行为同时对公共安全造成危害，所以应认定为放火罪，而不是故意毁坏财物罪。在司法实践中，要特别注意区分放火罪与故意毁坏财物罪。

【犯罪心理分析】

本章讲述了三个案例，他们犯罪心理的发生既具有一些共性，又有一些个性，让我们分析看看究竟是怎么发生的。

1. 侥幸心理的存在是共性特征

在涉纵火类的案件中，侥幸心理是犯罪嫌疑人通常存在的心理特点。许多涉案人认为火势不大，烧不起来，或者没有摄像头，无法查找火势来源，促使他们铤而走险。在本章的三个案例中，均存在这样的情况，最为典型的就是刘某所涉案件，其观察周围环境后，认为楼梯间无摄像头且评估"火烧不起来"，导致发生严重后果。在郝某的案例中，其认为卫生间的纸张燃烧不会引起大火，且之前已多次实施放火行为并未引起后果，导致其放松了警惕，产生了侥幸心理。在高某的案例中其认为已经燃烧的灰烬不会"死灰复燃"，但最终导致沙发起火。

从心理学的角度来看，侥幸心理是偶然地，意外地获得利益，或躲过不幸，引申为人们贪求不止，企求非分，意外获得成功或免除灾害的心理活动。侥幸心理往往是人的一种本能意识，它存在于人们的各种思维活动中。生活中过马路、闯红灯，考试中打小抄、偷窥他人皆是侥幸心理作祟。侥幸心理的背后往往反映一个人缺乏坚持和脚踏实地的精神，或者缺少某种信念和原则，一旦形成习惯，就很难改变。本章中的三个涉罪人在其成长过程中有不少滋生侥幸心理的生活土壤，他们的侥幸心理已经形成习惯，较难动摇。

2. 纵火案中存在明显的报复心理

从心理的角度来看，纵火者往往存在着较强的报复心理，具有典型的情绪攻击特点。很多人因为对现实不满或者受到某种侵犯继而产生报复心理。美国心理学家多拉德于1939年提出挫折－侵犯理论，其主要观点认为："侵犯行为总是挫折的结果""受到的挫折越大，侵犯行为越明显""如果受到挫折后，没有发生侵犯行为，则受挫的残存能量将会转换成日后侵犯的动力"。这种理论在本章的刘某案例中体现得尤为明显，其直接原因就是受到邻居的几次"冷眼"，而后在其陷入愤怒情绪时，在侥幸心理的作用下实施了放火行为。高某和郝某在成长过程中的主要抚养人都脾气暴躁，与他们交流时多用暴力解决问题，使未成年人的想法和天性遭到某种程度的压制和侵犯，且越积越深。其压抑在潜意识里的侵犯能量在某个合适的时机便展露了出来，导致其犯罪行为的发生。此外，由于缺乏监管，沉迷游戏，有些未成年人将虚拟世界中的暴力倾向迁移到现实社会中，引发犯罪行为。

3. 其他个性心理导致纵火行为的发生

除了报复心理和侥幸心理，一些特有的心理也是犯罪的可能原因。在本章案例中，高某的犯罪心理相对复杂，表现在其在实施犯罪行为之前，高某点火烧纸的行为已持续相当长的时间，这可能和其喜欢求佛祷告、信奉佛教有关。此外，高某还存在一些强迫行为、不能社交和举止异常现象，这些现象可能不仅仅是心理问题，精神障碍可能也是导致其犯罪的重要原因。在刘某的案例中，侥幸心理和报复心理特征非常突出，但刘某家庭相对和谐，经济条件中等，包括其所学的司法助理专业都是其回归社会、恢复正常的有利因素。刘某情绪管理能力较差、纵火时处于激情状态是其案件的主要特点。在郝某的案例中，其本人在实施放火时还存在着一定的刺激心理，认为此种行为"好玩，有意思"，以此来获取某种乐趣和挑战，加上其心智不成熟，自我约束力差，认知也存在一定的偏差，最终酿成了难以挽回的结局，令人唏嘘。

【犯罪社会学分析】

1. 中立于遏制与选择之间,最终"漂移"到违法犯罪

社会学家马茨阿在其所著的《青少年犯罪与漂移》(1964)中认为,青少年亚文化有三种价值趋向,即寻求刺激、鄙视日常工作和强调暴力性攻击行为。[①] 犯罪是在亚文化影响下,通过潜移默化的相互学习,或从同伴的言行中受到暗示、获得承认形成的。他指出,当消除责任感时,犯罪行为是能够被允许的。未成年人通过将自己的行为定义为可被接受的,从而将自己的犯罪行为合理化,包括否认责任、否认伤害、否认受害者、指责对他们做出谴责的人以及将行为上升为更高的忠诚等,在本章的三个案例中,三名涉案未成年人或多或少存在将自身行为合理化的想法,通过分别分析他们将行为合理化的因素,可以找到为何他们会最终"漂移"向违法犯罪道路。

在郝某的案例中,他的父母离异,郝某较早辍学,家庭经济条件较差,与母亲感情较为疏离,一度沉迷游戏,上学期间就曾发生过未经允许拿家中的钱去网吧打游戏的行为,打工时更是基本将自己的工资都花在游戏上。他喜欢玩比较冷血和暴力的枪战游戏,未成年人长期沉浸在其中,其性格容易因其中的刺激、暴力的场景而受到影响,从而习得暴力行为。另外郝某表示自己放火时感到很刺激,并没有烧掉房子或烧死人的想法,表明在他的意识中,通过否认责任、否认伤害来将自己的违法行为合理化,以说服自己实施违法行为。高某的案例中也存在类似将行为合理化想法,高某自述放火只是为了赌气、好玩,灰烬变成大火是他意料之外的事情,并非出于他的本意,说明他在潜意识里否认自己违法犯罪的责任。而在

[①] 林崇德. 心理学大辞典 [M]. 上海:上海教育出版社,2003 年.

刘某的案件中，刘某行为合理化想法也较为明显，他表示自己实施违法犯罪行为时心情不好，加之前期与被害人有过"误会"，因此，将自己的行为归结为泄愤、出气，同时也表示自己并没有想到此行为会酿成严重的后果。他同样否认了自己的责任，也否认了自己行为可能带来的伤害，并且将伤害行为归结于受害人身上，认为自己的行为只是"气一气"被害人，从而在心理上认同了自己的行为，最终酿成严重后果。

2. 缺少内部、外部遏制因素，导致出现越轨的行为偏好

沃尔特·C.雷克利斯的遏制理论提出社会存在内部遏制系统和外部遏制系统，可以将个人推向犯罪，具体包括内在吸引力（例如愤怒、冲动的情绪推动力），外在吸引力（例如贫穷、歧视、亚文化等的外在拉力），内在控制力（例如规范内化、自我奋斗的目标），以及外在控制力（社会规范和法律）。在本章案例中，三名未成年人的内部、外部遏制因素均存在缺失，下面将具体进行分析。

郝某由于家庭经济和父母离异等因素，导致其生活贫困，在学校期间曾经多次遭到同学的歧视和欺负，母亲对他的教育方式多以打骂为主，这在无形中促使他内心形成自卑、愤怒和无力感，对游戏的过度沉迷使他养成暴力性格，内在与外在吸引力均形成强大的拉力，致使他容易产生极端行为。而郝某自身由于受教育程度有限，缺乏明确目标和方向感，从而对规则和法律缺乏基本的尊重和敬畏之心，脱离母亲监管独自漂泊的现状也使他游离在社会规则和法律管控的"真空"地带，内在与外在控制力也相对缺乏，最终将其推向犯罪的道路。

涉案人员高某同样因父母离异以及对父亲教养方式的不满形成了易愤怒、冲动的性格。高某在学校期间多次出现有违正常社会规则的行为，在家中也多次放火，学校和其父亲均缺乏对其有效管理办法，致使他缺少规则意识，未能认同并将行为规则内化，诸多因素形成合力，导致其行为产生了严重的后果。

在刘某的案例中，虽然刘某的家庭支持系统看似完整，但其父母却并不了解他真正的社会交往情况，缺少与他的有效沟通，网络游戏以及他经常出入的一些亚文化场所对他形成了较强的外在吸引力，加上刘某本身冲动、易怒的性格特点，对犯罪行为起到了推波助澜的作用。刘某作为一名对法律较为了解的学生，因自己对受害人的"误会"以及抱有事发地没有摄像头的侥幸心理而选择实施违法行为，也充分说明了其对于规则和法律并没有完全内化，而是凭借对惩罚的恐惧约束自身的行为。种种情况表明，刘某同样缺乏有效的内部与外部遏制因素。

【社会调查实证分析】

1. 法律视角

社会调查程序是未成年人刑事案件办理的一个重要环节。未成年人社会调查报告主要具有为处罚提供参考、为帮教提供依据、为预防提供范本等三方面的作用。[①] 具体而言，在侦查阶段可以结合涉罪未成年人的社会危害性、人身危险性、风险评估以及监护帮教条件等情况，判断是否有必要羁押涉罪未成年人；审查起诉阶段可以结合社会调查报告内容，确定对涉罪未成年人相对不起诉、附条件不起诉或者提起公诉，起到分流指导作用；在审判阶段可以参考社会调查报告内容，对涉罪未成年人进行法庭教育、准确定罪量刑；在执行阶段可以根据社会调查报告制定个性化的矫治与帮教处

---

① 丛林，罗思洋. 未成年人案件社会调查报告优化建议 [N]. 检察日报，2020-07-09（003）。

遇措施，预防再犯罪。①

首先，要深入调查放火未成年人的成长背景、行为品格，找准"教育点"和"感化点"。未成年人放火动机各不相同，但大多离不开家庭、学校和社会的影响，社会调查应当紧紧围绕涉罪未成年人罪错的成因和再犯风险，从纵向的角度对涉罪未成年人进行成长背景历史考察，从横向角度对其进行个体的和家庭、学校、社会的影响考察。将未成年人成长环境中的具体事件与其罪错行为联系起来，科学解释其罪错行为发生的原因，对涉罪未成年人的社会危险性和回归社会的条件进行有针对性的预测评估，提出个性化的帮教建议。例如本章案例三中的刘某母亲在访谈中提及刘某曾因路遇摔倒老人，热心送老人就医而受到警察、学校表扬，说明孩子有积极向善的愿望，这是法庭教育一个重要的感化点，可以借此鼓励其改过自新，重新做人；对案例二中的高某应开展心理矫治；对高某和郝某家庭加强家庭教育指导。

其次，要重点关注放火未成年人对放火行为和结果的心理态度，包括放火目的与动机、意识因素和意志因素。未成年人放火的目的动机可能是多种多样的，比如本章案例中的郝某是因为好奇、寻求刺激而放火；高某自称是因为信佛经常在家烧纸，加上与父亲赌气把灰烬倒在父亲沙发上；刘某是为泄愤报复事主而点燃起电动车后座的。不论是出于何种动机，都不影响他们放火罪的成立，但查明放火的动机，对于正确判断行为人的主观恶性和心理态度有积极意义。意识因素是指行为人对事物及其性质的认识和分辨情况，具体包括放火未成年人对自己所实施的放火行为及其结果的社会危害性的认识，以及对犯罪的基本事实情况的认识。意志因素是指行

---

① 张玉鲲. 未成年人检察笔谈：朝阳院的理论探索与实践创新[M]. 北京：法律出版社，2017.

为人根据前述意识因素，决定如何控制自己行为的心理因素。意志因素对于危害行为和危害结果起支配和控制作用，可以表现为希望、放任、疏忽和轻信四种形式。意识因素和意志因素是判断行为人主观上是否存在故意或者过失的基础，也是正确定罪量刑、提出个性化帮教建议的重要依据。

最后，要积极了解放火未成年人认罪、悔罪态度，加强用火安全和普法教育，预防涉罪未成年人再犯罪。真诚的反省、悔罪与赔礼道歉表明罪错未成年人再犯可能性小，还可以缓解被害人与社会公众的报应情感，减少社会矛盾。反省、悔罪与赔礼道歉不是法定的量刑情节，我国法律目前对于"悔罪表现"具体认定情形也没有明确规定。

在司法实践中，罪错未成年人有下列情形之一的，一般可以认为具有悔罪表现：①犯罪后积极配合司法机关调查办案；②向被害人赔礼道歉、尽力减少或者赔偿损失；③积极取得被害人的谅解；④具有自首或者立功表现；⑤犯罪中止，自动放弃犯罪或者自动有效地防止犯罪结果发生。本章案例中的三位涉罪未成年人用火安全意识不高，法制观念淡薄，显然他们都没有充分认识到自己放火行为可能造成的严重危害后果，但事后都能积极认罪、悔罪，其中刘某父母还对被害人进行了积极赔偿，再犯风险都比较低。在对他们制订个性化帮教计划时，应同时加强用火安全教育和普法教育，帮助他们养成良好的火源管理习惯，学习防火知识，强化防火意识，让他们积极参与防火宣传的社会活动。

2. 心理学视角

涉放火类案件造成的社会危害较大，严重的情况可能会带来重大财产及人员伤亡，需要特别重视，对未成年再犯风险的评估也要细致谨慎。在社会调查中要重视并充分调查涉罪未成年人犯罪前后的心理情况，包括其情绪状态、性格特征甚至精神发育状况。

(1) 从涉罪未成年的性格特征角度来进行调查

性格是一个人对现实的稳定的态度，以及与这种态度相应的、习惯化了的行为方式中表现出来的人格特征。性格既具有稳定性又具有可塑性，未成年人的性格是内向还是外向，是否合群，是否懒惰和自私都会影响其再犯率。社会调查的关键在于收集相关资料认定罪犯的人身危险性和主观恶性，从而评判其人格特点，对其再犯的可能性进行预测。典型纵火犯的性格通常比较内向、沉默寡言、冷酷无情，一般其在行为前就深知后果，经内心反复斗争后实施犯罪行为。因此，调查了解涉罪未成年人的性格对于评估其再犯风险具有很大的意义，对于日后的帮教及矫正也有指导作用。

(2) 从涉罪未成年人的精神发育状况进行调查

纵火犯的犯罪动机是复杂的，报复性、破坏性、隐匿性都是此类犯罪的特点。同时因其可能引起的犯罪后果比较严重，因此实施犯罪的未成年人可能存在比较复杂的心理状态，甚至存在某种精神发育的问题。在本章案例中的高某就是此类情况，高某在实施纵火行为前已经有多次点火行为，其心理状态也让调查人员感到迷惑和不解，调查配合度也很差，导致只能和其亲属进行沟通了解情况。社会调查人员在开展社会调查时应充分了解其家族遗传史和相关病史，并对与其关系密切的朋友和老师进行访谈，了解其思维和行为是否存在异常和古怪现象，分析其是否存在精神病理性症状。如果经初步分析高某存在精神发育迟滞、异常人格状态等精神疾病，应建议司法机关和帮教机构对其进行专业的精神状况评估。

3. 社会学视角

(1) 可以运用接纳、倾听、提问、对质等专业手段对涉罪未成年人过去的生活状态进行详细了解，尤其要注意关注一些过去在家庭或学校生活中的典型事件对于未成年人性格和心理状态的影响。

（2）对涉罪未成年人在案发前后的社会生活方式进行了解，重点关注可能影响其产生暴力行为的朋辈、场所以及网络虚拟环境等，有侧重地分析其产生犯罪行为的内部与外部因素。

（3）可以开展一些亲子互动类小组活动，改善涉罪未成年人与家人间的关系，重塑家庭教养方式，以期家庭能够为他们的改造提供更多的支持。

（4）连接专业的心理、精神机构和必要的社会资源，全面评估涉罪未成年人的心理、精神状态，帮助他们重新树立生活目标，降低再犯的风险。

第六章
未成年人涉故意伤害类案件的社会调查实证分析

所谓"故意伤害",是指行为人故意非法损害他人身体健康的行为。《中华人民共和国刑法》第二百三十四条规定:故意伤害他人身体的,处三年以下有期徒刑、拘役或者管制。

由于未成年人身心发育尚未成熟,易情绪兴奋且自我控制能力较弱,加之对是非的辨别能力有限,所以极易在冲动中实施故意伤害行为。故意伤害罪一直是未成年人多发的刑事罪名。

根据最高人民检察院在《未成年人检察工作白皮书(2021)》中发布的数据,检察机关在2017年至2021年间受理审查起诉未成年人涉嫌故意伤害致人重伤或死亡的人数为17 936人;占全部犯罪人数的比例为30.76%,仅次于故意杀人罪,排在第二位。

在涉"故意伤害罪"的未成年人社会调查工作中,我们需要弄清故意伤害罪的含义和犯罪构成,并厘清与相关概念的区别;理解产生故意伤害罪的心理原因和社会原因;从而在此基础上科学、客观地进行社会调查并完成社会调查报告。

本章选择了两个案例:其一是未成年员工在上司授意下与其他同事一起对受害人实施了故意伤害行为,其二是未成年学生出于班级管理的初衷对同学实施故意伤害行为的案件。

案例　未成年保安听从领导命令实施故意伤害案

【基本案情】

案例一:

小胡(17岁)。自幼与爷爷、父母及姐姐共同生活在家乡山西,后来姐姐考入外地某大学就读。虽然小胡家庭经济条件较差,但爷爷比较溺爱他。相比之下,父母对小胡管教严格,所以小胡在家里较为听话。与在家里的表现不同,小胡曾在学校打过两次群架。小胡秉承的"打架哲学"是:"人不犯我我不犯人""路见不平拔刀相助""打架赔钱了事""不打不相识"。

高三时,小胡学习成绩一般,感觉高考无望,于是他与学校达成协议:小胡休学外出打工;学校为其保留学籍至高三学年结束,届时为其颁发高中毕业证。随后,小胡经朋友介绍到北京某城管联合执法队工作。在京期间,小胡主要和他的同学兼同事小杜为伴,业余时间也同其他同事一起打网络游戏。父母在家乡一直很牵挂小胡,经常通过电话、微信等方式与小胡联系,但他们觉得"孩子已经长大了,也比较懂事",所以放松了管教,对小胡的生活状态也缺乏了解。

小胡所在的"联合执法队"在没有法定执法权的情况下非法从事城管活动,小胡在知道后也并不在意。在一次所谓的"执法"活动中,小胡的领导李某带领小胡等人要求歌厅老板张某清理歌厅后院的垃圾,张某不服,遂发生争执。李某命令小胡等人将张某抬上车,在此过程中,小胡的同事对张某拳打脚踢,小胡没有参与。随后张某反抗,摔在地上,小胡和同事们一起拖曳张某十几秒钟。小胡和同事们发现张某昏迷,遂拨打了120救护车。后经鉴定,张某重伤。

事发后,小胡起初不理解自己为什么会触犯刑法,他认为自己只是出于工作,听从领导安排去抬张某,没有动手打张某,不应当承担刑事责任。小胡后来通过阅读法律书籍知道了自己行为的社会危害性,认罪态度良好。当谈到今后的打算,小胡表示,希望今后能参加高考,好好学一门技术养家糊口。

案例 中职班长管理同学故意伤害案

【基本案情】

案例二：

小乔，案发时16周岁。小乔出生在陕西，是家里的独生子。父母工作忙的时候就把小乔托付给爷爷奶奶照管，小乔和爷爷奶奶的感情很深。平时小乔在家里是个懂事孝顺的孩子，但在遇到不如意时容易情绪烦躁或者发脾气，父母对此束手无策。

小乔在当地的重点小学和初中就读，初二之前学习成绩良好，初三时小乔开始住校。由于不适应新的生活环境又缺失父母约束，小乔的学习成绩急剧下降，最终中考失利，无法进入高中就读。妈妈想把小乔送到北京一所民办中等职业学校学习，小乔不愿意离家，可小乔拗不过父母的决定。

小乔刚到北京时十分想念家人，但由于学校规定学生不能随意使用手机，所以他很少联系家人。小乔在新学校里没有结识新朋友，这使他感到十分孤独。不过让父母感到欣慰的是，小乔努力适应新环境，学习认真，还被老师任命为班长。

在一次班级集体活动中，班里的王某不服从班规，使得全班活动无法进行。作为班长的小乔上前劝说，王某不但不听，还出口伤人。小乔起初有所忍让，但经不住王某的一再谩骂，最终动手打了王某头部，致使王某牙齿脱落、鼻子流血、眼部挫伤。小乔认为王某不考虑班级和他人的做法十分自私，需要被管理一下。虽然已经把王某打伤，但他依然无法平息怒火。事发后，小乔并没有立刻意识到事态的严重性。首先他认为这是双方打架，不是他单独一方的责任。其次即使是他打伤了对

> 方，也只需要赔钱了事。直至王某报警后，小乔才被警察告知他的行为已经触犯了刑法。
>
> 案发后，小乔认罪态度良好，对王某的医疗费等费用积极赔偿。学校基于小乔平日良好的表现，决定重新接纳小乔。

【法理分析】

故意伤害罪属于我国《刑法》第四章侵犯公民人身权利、民主权利罪中的重要罪名。故意伤害罪，是指行为人故意非法损害他人身体健康的行为。我国《刑法》第二百三十四条第一款规定：故意伤害他人身体的，处三年以下有期徒刑、拘役或者管制。该条第二款规定：犯前款罪，致人重伤的，处三年以上十年以下有期徒刑；致人死亡或者以特别残忍手段致人重伤造成严重残疾的，处十年以上有期徒刑、无期徒刑或者死刑。本法另有规定的，依照规定。

故意伤害罪的犯罪构成如下：

1. 故意伤害罪侵犯的客体是他人的身体健康权利

侵犯他人的身体健康权利，包括两种情形：一是对人体组织完整性的破坏；二是对人体器官正常机能的破坏。故意伤害罪的对象只能是行为人以外的他人，不包括行为人自己。有意伤害自己身体的，不构成本罪。

案例一中，小胡没有执法权，却在领导授意下先和其他同事一起抬起张某，之后又和同事们一起拖曳张某十几秒钟，致使张某身体受伤并昏迷。小胡和其同事的做法是对张某身体权和健康权的侵犯，使其身体机能受到严重损害。小胡作为未成年人，虽然是受领导"指挥"和同事一起实施了伤害行为，但依然具有非法性。《中华人民共和国预防未成年人犯罪法》将"故意伤害"定义为"不良行为"。所谓"不良行为",是指未成年人实施的有刑法规定、因不满法定刑事责任年龄不予刑事处罚的行为和严重危害社会的行为。而我们预防未成年人犯罪的根本任务就是要对未成年人的不良行为和严重不良行为及时进行分级预防、干预和矫治。

2. 故意伤害罪在客观方面必须有非法损害他人的身体健康的行为

伤害既可以表现为积极的作为,也可以表现为消极的不作为。伤害行为手段通常是暴力性的,但也不排除无形的、非暴力的手段。

判断致害行为是否构成故意伤害罪,一个重要标准就是受害人人身权利被侵害的程度。在实践中,造成了他人至少轻伤以上的伤害程度才会构成故意伤害罪。一般的侵犯人身权利的行为,通常只会造成人体暂时性的疼痛或神经轻微刺激,并不伤及人体的健康。案例1中,小胡和同事在对张某抬举、拖曳、拳打脚踢的过程中,导致张某重伤,已经构成了故意伤害罪的客观条件。

3. 故意伤害罪的主体是一般主体

我国《刑法》对未成年人故意伤害他人的行为责任年龄做出了专门规定,已满十二周岁不满十四周岁的人,犯故意伤害罪,致人死亡或者以特别残忍手段致人重伤造成严重残疾,情节恶劣,经最高人民检察院核准追诉的,应当负刑事责任;已满十四周岁不满十六周岁的人,犯故意伤害致人重伤或者死亡的,应当负刑事责任。

案例一中十七周岁的小胡、案例二中十六周岁的小乔均已经具备了承担刑事责任的能力。由于未满十八周岁,根据《刑法》的规定,司法机关在追究其刑事责任时应当从轻或者减轻处罚。

另外,法律还规定,因不满十六周岁不予刑事处罚的,责令其父母或者其他监护人加以管教;在必要的时候,依法进行专门矫治教育。

4. 故意伤害罪在主观上表现为故意

"故意"包括直接故意和间接故意。直接故意，是指行为人明知自己的行为会发生危害社会的结果，并且希望这种结果发生的心理态度。间接故意，是指行为人明知自己的行为可能发生危害社会的结果，并且放任这种结果发生的心理态度。在司法实践中，对于造成轻伤结果的，就按轻伤害处理；对于造成重伤结果的，就按重伤害处理。当然，如果故意明显要造成重伤，而实际上只造成轻伤结果的，则可按故意重伤（未遂）论处。

案例一中，小胡虽然是受"领导"指派对张某实施伤害，但作为一名已经年满十七周岁的人，已经有能力判断如此行为的后果，因此小胡具有放任结果发生的故意。案例二中，小乔为了管理王某而将王某打伤，从主观上希望后果的发生，具有直接故意。

主观方面是认定罪名的重要因素。比如，有时侵权致害行为与非法伤害行为在外表形式及后果方面没有什么区别。例如拳打脚踢，有时只造成轻微疼痛或一点表皮损伤、皮下淤血，有时则可能造成伤害甚至死亡。在这种情况下，甄别行为的性质，不能仅以后果作为唯一标准，而应结合全案情况，考察行为人的主观方面的因素，看行为人是否具有伤害他人的故意，是有意伤害他人的故意，还是只是出于一般殴打的意图而意外致人伤害。

故意伤害罪在认定上要注意和其他罪名做区分。

故意伤害罪与故意杀人罪的区分。两罪的根本区别在于主观故意的内容不同。故意伤害罪中，行为人明知自己的行为会使他人身体健康受到伤害，但还希望或者放任这种结果发生，具有伤害的故意，即使造成侵害人死亡的结果，也只能认定故意伤害（致人死亡）罪。案例一和案例二中，小胡和小乔均没有故意伤人，而只是放任"伤害"的发生或希望"伤害"的发生。故意杀人罪是明知自己的行为会引起他人死亡的结果，并且希望或者放任这种结果的发生，具有杀人的故意。

故意伤害致死与过失致人死亡罪的区分。两者都造成了他人死亡的结果，且行为人对死亡结果的发生，都存在过失的心态。因此，在实践中两者易于混淆。两者的区别主要在于行为人主观上是否具有损害他人身体健康，即伤害的故意。如果行为人明知自己的行为会给他人造成伤害，并且希望或者放任这种伤害结果的发生，但是由于伤势过重在客观上造成了被害人死亡的，则也认定为故意伤害（致人死亡）罪。假设案例一中，张某由于伤势过重死亡，但由于小乔及其同事没有故意杀人的故意，因此应认定为故意伤害（致人死亡）罪。而如果根本没有伤害他人的故意，只是由于自己的过失，导致了他人死亡结果的发生，就应定过失致人死亡罪。

【犯罪心理分析】

1. 青少年的攻击性和叛逆心理

美国心理学家埃里克森提出了人格发展八阶段理论，其中对于青春期阶段做了影响力广泛的重要论述。他讲到在十二岁到十八岁的青春期阶段，青少年本能的冲动高涨让他们感到困惑和混乱，在这个时期青少年最重要的任务就是建立自我同一性，去对抗内在角色混乱带来的冲突。他的这一理论可以用于解释青少年在本阶段产生的愤懑、对抗和犯罪等社会问题。他提到如果一个青少年感到他所在的环境剥夺了自己在发展中获得自我认同的可能性，该青少年就会爆发出强烈的力量去对抗社会环境。青少年正是通过与父母、老师、社会权威及社会主流价值观的对抗来寻找自己的自主性和独立感的，因此在青春期阶段青少年会表现出非常明显的攻击性。

案例二中的小乔成绩曾经有过比较大的起伏，他从听话爱学习的好学生落到职校差生,在职校中被班主任任命为班长又开始变得认真学习,这其中不断的角色转换也会让他对自己是一个什么样的人,以及要做一个什么样的人,产生很大的困惑。他在这次的违法犯罪行为中让人感受到强烈的愤怒和对抗感,当受害人不遵守纪律、不听从安排,试图去挑战他的班长权威时,他内心的冲动立刻被点燃,变成了一场疾风暴雨似的摧毁力量,把受害人打伤。

2. 故意伤害行为中的情绪性

本章中两例未成年人故意伤害罪都有典型情绪型犯罪的特点。消极的情绪情感品质是情绪性犯罪的主要推动因素。首先,这类涉案未成年人通常在情绪上具有较低的稳定性,非常容易被外界的事物或他人的观点左右自己的情绪,并且有较低的自我调控能力。其次,他们的某些情绪情感在次群体或亚文化的影响下又非常表面和肤浅,这些无节制、放纵的情绪导致他们产生犯罪行为。小胡的犯罪过程就是受到了同辈群体的影响,他在犯罪过程中完全没有去思考这个行为是否有不妥之处,非常肤浅地盲从于自己的同伙。再次,这类涉案未成年人通常会感受到极其强烈而消极的情绪,在高强度的负面情绪驱动下容易产生过度的攻击行为,小乔的案例在这一点上非常有代表性。

情绪型犯罪的行为往往带有以下几个特征:盲目性、冲动性、残暴性、戏谑性、隐藏性、情绪性、突发性和情境性。小胡的犯罪行为中存在着极大的盲目性,他完全没有意识到自己的行为触犯了刑法,该案中受害人被一群人打成重伤昏迷不醒,涉案者非常残暴。小乔的犯罪行为中有极强的冲动性、突发性和情境性,受害人王某当时不服从小乔的管理,且当时有很多同学在场,让小乔感觉非常没有面子,小乔在感受到被羞辱的情境中突然爆发极强的攻击性,把受害人打掉了牙齿乃至满脸是血。①

3. 盲从群体,丧失人性

"斯坦福监狱实验"是美国著名心理学家、斯坦福大学退休教授菲利普·津巴多于1971年所做的一项实验,他和同事们在大学地下室搭建了一个模拟监狱,然后征集了24名心智正常且身体健康的志愿者。每个志愿者每天都可以获得15美元的报酬,但必须完成14天的实验。

最初大家都不认为有什么不妥,并且不管是出于对实验的兴趣,还是热衷于每天15美元的报酬,24名志愿者很快就凑齐了,而这项实验中只有两个角色,那就是囚犯和狱警:12名囚犯和12名狱警。"狱警"并没有进行过任何培训,只是被告知可以做任何维持监狱秩序和法律允许的事情,"狱警"也是3人一组,每天工作8小时。

由于"狱警"会善待不闹事的"囚犯",使得"囚犯"之间互相猜疑,认为对方通过告密获得了好处,并且"囚犯"开始变得卑微且温顺,他们对"狱警"言听计从,服从"狱警"的任何指令,认为自己就是"囚犯"。

"狱警"的性格也发生了变化,不再使用正常的手段对待"囚犯",经常呵斥"囚犯",并且不让"囚犯"获得休息,还命令"囚犯"做各种卑贱的工作,他们认为自己就是掌握权力的"狱警"。

"狱警"甚至认为半夜的时候没有人关注他们的行为,因此使用各种龌龊的手段折磨囚犯。

虽然菲利普·津巴多是设计这项实验的人,是旁观者,但他也

---

① 罗大华. 犯罪心理学 [M]. 北京:中国政法大学出版社,2007.

被卷入了实验的角色中,认为自己是维持监狱秩序的法官。直至哈佛大学一名前来参观的教授,被眼前发生的一切所震惊,义正言辞向菲利普·津巴多提出抗议,表示不能这么虐待志愿者,菲利普·津巴多这才清醒过来,在第6天终止了该实验。然而在哈佛大学教授提出抗议之前,已经有50人参观过实验,但没有任何一个人提出抗议,他们都认为"囚犯"就该是这样的,"狱警"也确实是这副模样。

小胡的案例和斯坦福监狱实验的过程有某些类似的心理过程,小胡在执法团队的环境中无意识地把自己当成了"执法人员",认为自己理所当然应该处理不服从的张某,在犯罪过程中以及犯罪之后都丝毫没有意识到自己的行为已经触犯了法律。而在现实中一些"野蛮执法"的案件也和这些犯罪心理过程有相似之处。

【犯罪社会学分析】

1. 父母陪伴的缺失,隔代养育的缺憾

在小乔的案例中,小乔是一个被隔代抚养长大的孩子,爸爸是司机,工作非常辛苦,妈妈做生意开店铺,大量的时间都投入在工作中,从他小时候一直到案发之前,父母的陪伴都是极度缺失的。在他14岁的时候小乔全家从农村搬到了城市里的新房,也就是说在这之前父母一直忙于挣钱买房,致力于把家从落后的农村向城市搬迁。而当他们搬到城市的时候,正好小乔上初二,母亲为他选择了寄宿学校,可以想象好不容易和父母团聚了,却发现仍然无法和父母生活在一起时,他的内心该有多么失望。小乔的学习成绩也正是在初二的时候发生了质的变化,在这之前他一直成绩优秀,那个时候爷爷、奶奶会告诉他成绩好可以帮助爸爸妈妈,更快地实现一家人团聚,所以小乔对未来会有很多的希望,也有积极向上的动力。但是当他发现无论自己如何努力都没有办法得到爸爸妈妈的陪

伴时，内心已经无法产生持续的动力，剩下的都是暴躁、不安、沮丧和愤怒等负面情绪，也正是这种内心深处压抑已久的坏情绪使他在和同学发生冲突时大打出手。

隔代养育在中国很常见，尤其是在农村地区更是一种常态，由爷爷、奶奶照顾孙辈，年轻人出去打工挣钱。在这种养育状态下，祖辈因为年龄和所处人生阶段的因素，通常对孙辈过于宠爱而疏于管理。小乔的奶奶在他记事以来就已经得了脑血栓，常年卧床不起，爷爷是对他照顾最多的人。在他记忆中最多的就是爷爷陪他一起玩，而爸爸、妈妈给他的养育部分主要是提供经济支持。这样的养育方式会使孩子在遇到问题的时候缺乏解决办法，内心是脆弱的，缺乏支持感，更容易被情绪所控制，失去理智。小乔案发之后，社工利用社会调查的契机对父母进行了充分的教育。在他取保候审期间，父母的态度和教育方式有了非常大的改进，母亲几乎每天都会通过手机对学校里的孩子进行关心，少言寡语只会方言的父亲也在案发之后经常主动和孩子打电话。父母的这些改变让孩子感受到他们的爱，后续该涉案未成年人也产生了积极的变化。

2. 职校存窘境，校风学风差

众所周知，在过去的教育体系中，职业院校的学生大多是学习成绩不好、普通高考无望的孩子，到职校读书，往往是在普通教育体系中的孩子没有出路的无奈之举。职校生家长倾向于让孩子掌握一门技术，在接下来的人生道路中可以有一席之地、一技之长，获取自己生存的本领。这种背景下职业院校的学生大部分学习能力有限、缺乏学习自觉性、缺乏情绪自控能力，在学习纪律、行为习惯方面也会比较散漫，再加上青春期阶段身心发展迅猛，内心会产生很多不平衡和冲突感。小乔的案例中，由于他是班长的角色班长，不服管的同学激发了他极大的愤怒，导致小乔情绪失控，暴力伤人。

随着国家大力发展职业教育，2019年国务院印发《国家职业教育改革实施方案》，并对职业教育的发展路径做出越来越清晰的规划，职业教育不再意味着较低的学历层次，而实质上是和普通教育平等的第二种教育类型，职业教育的生源和师资力量都会有所改观，职业教育当下的困境也会在很大程度上得到缓解。

3. 学校教育是重要的社会化路径

社会化是指一个人在特定的社会文化环境中，学习和掌握知识、技能、语言、规范、价值观等社会行为方式和人格特征，适应社会并积极作用于社会、创造新文化的过程。一个人的社会化水平越高，越容易成为一个适应能力强、对社会有价值的人。而一个人的社会化程度越低，也更容易产生越轨行为，进而为这个社会带来危害。

社会对人教化的主要途径有五个：家庭、学校、同辈群体、工作单位和大众传播媒体。对于青少年来说，在这五个途径中，当家庭教育缺失的时候，学校就成了青少年社会化最重要的途径，而学校教育也切实应该对青少年起到应有的教化、监督、管理的作用。在小胡的案例中，他高中阶段中途外出打工，"学校为其保留学籍至高三学年结束，届时为其颁发高中毕业证。"学校在明知他外出打工无法完成学业的情况下，还答应为其提供高中毕业证，这种做法显然不符合规范，事实上也没有帮助学生正式完成在学校中的社会化任务。小胡的工作虽然是"城管联合执法队"的工作，听上去也是一个规范的工作单位，但他的同辈群体都属于文化素质偏低、法律意识薄弱、缺乏个人主见和思想的群体，这样的同辈群体和工作单位无法成为他顺利社会化的助力，却成了他违法犯罪的主要诱导因素。事实上大多公众也能意识到，在个体未成年之前接受更多的学校教育是更为稳妥的发展路径，一个国家整体国民素质和社会的文明程度也在极大程度上取决于人们的受教育水平。

【社会调查实证分析】

1. 法律视角

未成年人社会调查在案件侦查、审查起诉以及审判阶段均具有重要作用，是认定未成年犯罪嫌疑人或被告人主观恶性大小、是否适合做附条件不起诉以及附什么样的条件、如何制定具体的帮教方案等的重要参考。因此在进行社会调查、出具社会调查报告时，社会调查员应当在了解基本案情的情况下，通过运用多种调查方法，了解未成年犯罪嫌疑人或被告人的法律意识、实施犯罪行为的前因后果、主观方面、悔罪表现以及是否具有帮教条件。对于涉故意伤害罪未成年人的调查，建议重点关注其法律意识和主观方面。

（1）对涉故意伤害罪未成年人的法律意识的调查。

从未成年犯的行为规律来看，其犯罪虽然普遍具有突发性、偶然性的特点，但是其犯罪意识和违法行为的产生并不是偶然的。[①] 虽然故意伤害罪与未成年人的身体和心理特殊发育阶段有关，但是非观念模糊、法律意识淡漠也是重要原因。未成年人在成长过程中没有接受相关法律教育、缺乏被正确引导，直到走上犯罪道路，是一个逐步升级、逐步悦变的过程。由于许多未成年人意志力不强，社会经验不足，缺少法律常识，因此在外部条件的诱惑和影响下，就很容易情绪失控，独立判断能力下降、偏激行事。案例1中，由于小胡缺乏独立判断能力，加之没有任何法律常识，致使小胡认为

---

① 关颖. 未成年人犯罪特征十年比较——基于两次全国未成年犯调查［J］. 中国青年研究，2012（06）：47–52.

自己在"执法",或者至少也是在听从领导"安排",而不是在犯罪。案例 2 中,小乔认为管理班级成员是正义的表现,即使将同学打伤,也能"花钱了事",不存在犯罪的可能性。两名未成年人的错误认识均在于没有基本的法律常识。

法律意识淡薄虽然不能作为免责和减轻刑事责任的情节,但可以作为深度认识涉案未成年人、理解其犯罪原因、事后开展针对性帮教的重要依据。

因此对于涉案未成年人法律意识的社会调查十分有必要。对法律意识的调查包括四方面:第一,了解涉案未成年人法律常识的掌握情况,尤其是对故意伤害罪、故意杀人罪等罪名的认知情况;第二,了解涉案未成年人的法律情感,包括对法律和相关规定是否具有敬畏之心,是否能够自愿遵守各项法律规范;第三,了解涉案未成年人的法律意志,即涉案未成年人在外部影响下是否能够坚持遵守法律规范;第四,了解涉案未成年人的法律信念,即是否能够从内心认可法律规范,并愿意服从法律,坚信法律的价值。

(2) 对涉故意伤害罪未成年人的主观方面的调查

行为人的主观方面是区分故意伤害罪与其他罪的重要区别。因此对涉故意伤害罪未成年人主观方面的调查十分有必要。所谓犯罪主观方面,是指犯罪主体对自己的行为及其危害社会的结果所抱的心理态度,包括罪过(即犯罪的故意或者犯罪的过失)、犯罪的目的和动机这几种因素。其中,行为人的罪过即其犯罪的故意或者过失心态,是一切犯罪构成都必须具备的主观要件之要素;犯罪的目的只是某些犯罪构成所必备的主观要件之要素,所以也称之为选择性主观要素;犯罪动机不是犯罪构成必备的主观要件之要素,它一般不影响定罪,而只影响量刑。

首先,建议对涉案未成年人的罪过进行调查。我国《刑法》第十四条规定,明知自己的行为会发生危害社会的结果,并且希望或者放任这种结果发生,因而构成犯罪的,是故意犯罪。故意犯罪,应当负刑事责任。第十五条规定,应当预见自己的行为可能发生危害社会的结果,因为疏忽大意而没有预见,或者已经预见而轻信能够避免,以致发生这种结果的,是过失犯罪。过失犯罪,法律有规定的才负刑事责任。故意伤害罪的主观方面要求为故意。所以,社会调查员通过与涉案未成年人谈话等方式,更加客观地了解行为人在犯罪行为实施时的心理状态,以便为公检法机关认定其是否具有主观故意提供参考。

其次,建议对涉案未成年人的犯罪目的进行调查。犯罪目的,是指犯罪人希望通过实施犯罪行为达到某种危害社会结果的心理态度。例如,在实施故意伤害行为时,行为就具有非法伤害他人健康的目的。如果涉故意伤害罪的未成年人主观方面为直接故意,那么其主观方面也包含着犯罪目的的内容。社会调查员可以通过谈话、走访相关人员等方法,了解涉案未成年人在实施伤害行为时,是否具有非法侵害他人健康的目的——换言之,是否对发生危害结果有希望或者追求其发生的心理态度;或者是知道其会发生,但还放任危害结果的发生。

再次,建议对涉案未成年人的犯罪动机进行调查。犯罪动机,是指刺激犯罪人实施犯罪行为,以达到犯罪目的的内心冲动或者内心起因。在故意伤害罪中,行为人追求、希望或者放任故意伤害结果的犯罪目的的产生,绝不是无缘无故的,而是以一定的犯罪动机为指引的。例如,案例二中,小乔将王某打伤的行为,并不是没有动机的。作为班长,小乔对王某不服班规的行为十分生气,加上王某的主动谩骂,使小乔很想"管理"王某一下。这就是小乔的犯罪动机,从而产生了追求故意伤害结果的罪过。犯罪动机,因人因案而异,可以是贪财、仇恨、报复或者极端的嫉妒心理等。因此,建议对行为人的犯罪动机展开调查,为公检法机关办案人员弄清行为人犯罪目的和主观方面提供参考。

2. 心理学视角

故意伤害罪的涉案未成年人大都具有情绪冲动控制的问题，在社会调查过程中需要进一步调查涉案未成年人的情绪管理模式，既是对于再次犯罪风险的评估，也是帮助当事人自我清晰的过程。所以在对故意伤害罪涉案未成年人进行社会调查的时候，需要特别注意收集当事人的情绪信息，其中包括主要情绪的内涵、情绪的来源、情绪的稳定性、情绪的控制力以及情绪波动刺激因素等。

首先需要了解在校未成年人的学业情绪。

学业情绪是指学生与学业学习、课堂教学和学业成就有直接关系的情绪统称。[1] 俞国良和董妍（2005）认为学业情绪是指在学习过程中产生的包括高兴、厌倦、失望、焦虑、气愤等复杂的情绪体验，它不仅指学生在知道学业失败或成功之后体验的各种情绪，同样也包括学生在课堂学习中的情绪体验，在日常作业和日常学校交往过程中的情绪体验，以及在考试期间的情绪体验等。良好的学业情绪有助于未成年人认知活动的发展，也有助于未成年人形成积极主动的学习态度。在这个问题上可以分为积极的学业情绪和消极的学业情绪两方面进行调查，比如可以了解在什么情况下，学生他在学习过程中能够体会到好的感受？学习过程中发生一些什么样的情况会让学生感到很厌倦、烦躁。

教师对学生的反馈结果直接和学生的学业情绪密切相关，当教师采用鼓励正向的反馈方式时，未成年人的负面情绪会相对较少，并且有更多的愉快和自信。如果教师采用权威型、冷漠型和笼统型

---

[1] 青少年学业情绪、知觉的教师课堂管理方式及学业成绩关系 [D]. 湖南师范大学，2012.

的反馈方式,则会让未成年人更容易产生自卑、焦虑、愤怒等情绪体验。如果教师采用扩展型的反馈方式,则未成年人的期待、愉快、自信等正向情绪体验更显著。对该部分内容的调查可以通过访谈学校及老师的时候获取。如果容易产生较多积极的学业情绪,则对涉案未成年人来讲是一种保护因素。如果负面消极的学业情绪较多,则对于涉案未成年人来讲又是另外一种风险。

其次,要了解涉案未成年人的情绪表达和管理能力。

情绪是每个人与生俱来的,在个人的社会化和成长过程中扮演着非常重要的角色。情绪管理的目标是使情绪达到平衡状态,并不是要压抑情绪,让人不产生任何的情绪,而是通过了解情绪来学习掌握主观的情绪,控制负面的情绪及其表达方式,能够更好地维持积极的情绪持续。第二个案例中小乔就是因为负面情绪失控产生冲突,进而造成犯罪行为。

在调查这个部分的内容时,可以使用一些完成句子的方式进行,"当……(发生)的时候,我会感到生气;当我生气的时候,我会做……来缓解情绪;我生气一般会持续……(时间)"

最后,也需要调查家庭成员之间的情绪表达方式。

在家庭中任何两名成员之间都会有情绪依恋的需要,特别是子女对父母,这种需要会对情绪造成影响。家庭成员之间的互动、情感依恋以及成年人对于孩子的教养方式都会对个人的情绪发展产生极大的影响,而情绪能力是影响个体一生处理事情和应对压力的重要因素。[1]

这里又涉及情商的概念,情商是和智商相对的一个概念,戈尔曼认为高情商由五种特征组成:对自己的情绪有良好的自我意识,

---

[1] 徐渊璟.家庭功能与成年人情绪管理的关联性分析[J].大家健康(学术版),2014:346.

能够较好地控制自身情绪；懂得自我激励，能够认识他人情绪和处理好人际关系。所以在调查个人的情绪问题时，非常有必要进一步了解家庭中重要成员的情绪表达方式。

了解家庭中重要成员的情绪表达方式可以询问的问题：你的家人是什么样的性格？你小时候被谁照顾得最多？他是什么样的性格呢？他会怎样表达自己的喜怒哀乐？父母之间的关系是怎样的？他们意见不一致时会怎么处理？他们有情绪的时候会选择什么样的方式表达或处理？他们会对你如何表达"爱"？

3. 社会学视角

在社会调查过程中，注意收集未成年人和权威之间的关系模式。

在对故意伤害罪涉案未成年人进行社会调查的过程中，在收集未成年人的成长史和家庭信息的过程中，首先，需要敏锐地理解到家庭成员的教养方式、性格特征等对当事人的影响。权威指的是拥有影响、控制他人思维、意见或行为权力的人，例如，家长、老师、领导、年长者等，都属于我们在不同阶段和不同场合遇到的权威角色。① 其次，还需弄清什么是权力。权力是控制有价值资源以及他人行为结果的相对能力，权力不仅是等级制度的核心概念，还是社会关系的一种基础属性。换言之，有社会关系存在就会有权力存在。亲子之间的关系也是社会关系的一种，所以父母和孩子之间不可避免地会存在权力的差异。父母对于孩子而言也必然会有一定的权威性，而父母和孩子之间的关系模式，在很大程度上会影响孩子在学校时和老师的关系，在工作中和领导的关系，以及和社会规则、社会秩序之间的关系。在亲子关系中，权力的大小是通过什么

---

① 李岩梅. 权力、权威与家庭教育的关系 [J]. 学前教育：家庭教育版，2013：8-8.

来表现的？决定权力大小的因素是什么？父母的权力大还是孩子的权力大？在父母和孩子的关系中权力又是怎样分配的呢？这些都是我们在进行社会调查的过程中值得了解的信息。

案例中的两个涉案未成年人处于远离父母在外打工或者在外读书的阶段，在犯罪前的阶段，父母都和未成年人疏于联络，未成年人对于父母的意见是服从的、畏惧的、还是反叛的，这也在很大程度上决定了他们对社会秩序、伦理、法律的遵从性，了解在案发之后未成年人和父母之间的互动及关系，可以更好地预测未成年人再次犯罪的可能性。

了解亲子之间权力分配的内容主要有以下几个方面：

（1）父母对孩子社会习俗、社会规范的要求。比如，学校不允许学生使用手机，但是学生自己偷偷带了手机，父母的态度是什么样的？父母支持他带手机还是会要求他严格按照学校的规定？

（2）了解父母和孩子相对资源分配的情况。比如，父母如何给孩子零花钱，是每天给一次，还是每个月给一次？父母对孩子的零花钱是如何管控的，是每一笔都过问，还是隔一段时间由孩子向父母整体做一个财务的交代？孩子寒假会如何安排学习，是由自己决定还是由父母帮忙决定？孩子选择上职高是父母的意愿还是孩子个人的意愿？

（3）了解孩子对父母的要求持有什么样的态度和反应。比如，当父母对孩子有一些要求的时候，孩子是服从，还是反抗，或者是阳奉阴违？对于未成年人来说，家中越重要的人、越有权力的人越容易被模仿。通过询问这些问题，我们可以更好地了解未成年人的自我认同和性别认同来源是家中的哪一位成员，并且通过该成员的详细情况去评估未成年人未来的观念及行为改变。

（4）涉案未成年人对待校规、校纪或单位规章制度的态度。这部分涉及未成年人和学校及单位等权威的关系。

第七章
未成年人涉性侵害类案件的社会调查实证分析

近年来，未成年人性侵害犯罪的比例逐年升高，性侵害已经成为未成年人犯罪的主要类型。根据最高人民检察院发布的《未成年人检察工作白皮书（2014—2019）》数据显示，2014 年至 2019 年，全国检察机关受理审查起诉未成年犯罪嫌疑人数量居前六位的罪名是盗窃、抢劫、故意伤害、聚众斗殴、寻衅滋事、强奸，如图 7-1 所示。其中，强奸类未成年犯罪嫌疑人数量为 17 690 人，占全部未成年犯罪人数的 5%，排名第六。以 2016 年为时间节点，全国检察机关受理审查起诉未成年强奸犯罪人数开始逐年上升，与 2016 年相比较，2019 年上升 101.85%。①

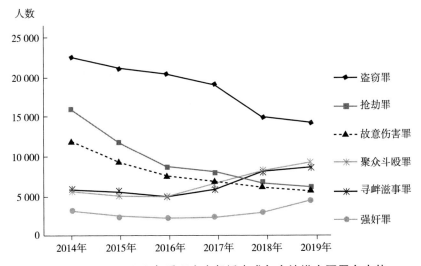

图 7-1　2014—2019 年受理审查起诉未成年人涉嫌主要罪名走势

2020 年全国检察机关受理审查起诉未成年人犯罪嫌疑人数量居前七位的分别是盗窃、聚众斗殴、寻衅滋事、强奸、抢劫、故意伤害、诈骗。其中，未成年人强奸犯罪嫌疑人数量为 5 160 人，占全

---

① 数据和图表均来自最高人民检察院 2020 年 6 月 1 日发布的《未成年人检察工作白皮书（2014—2019）》，详见最高人民检察院官网 https://www.spp.gov.cn/xwfbh/wsfbt/202006/t20200601_463698.shtml#2，访问时间：2022 年 6 月 11 日。

部未成年犯罪人数的9.5%,排名跃居第四位。① 2021年检察机关受理审查起诉未成年犯罪嫌疑人数量居前五位的分别是盗窃罪、聚众斗殴罪、强奸罪、抢劫罪、寻衅滋事罪。其中,未成年人强奸犯罪嫌疑人数量为7591人,占全部未成年受理审查起诉人数的10.3%。强奸罪已经成为未成年人犯罪的第三大类犯罪。② 表7-1所示为2014年—2021年全国检察机关受理审查起诉未成年人强奸犯罪人数占比情况。

表7-1 全国检察机关受理审查起诉未成年人强奸犯罪人数占比

年度	2014—2019年	2020年	2021年
占比	5%	9.5%	10.3%
排名	第六	第四	第三

与此同时,未成年人作为被害人受到性侵害的案件也在逐年增加,引起了社会广泛关注。2020年全国检察机关起诉强奸未成年人犯罪人数为15 365人、猥亵儿童犯罪人数为5 880人、强制猥亵、侮辱未成年人犯罪人数为1 461人,同2019年相比,分别上升19%、14.75%和12.21%。③ 2021年,全国检察机关起诉强奸未成年人犯罪人数为17 917人,同比上升16.61%;起诉猥亵儿童犯罪人数为7 767人,同比上升32.09%;起诉强制猥亵、侮辱未

---

① 数据均来自最高人民检察院2021年6月1日发布的《未成年人检察工作白皮书(2020)》,详见正义网 http://news.jcrb.com/jszx/202106/t20210601_2284640.html,访问时间:2022年6月11日。
② 数据均来自最高人民检察院2022年6月1日发布的《未成年人检察工作白皮书(2021)》,详见最高人民检察院官网 https://www.spp.gov.cn/spp/xwfbh/wsfbt/202206/t20220601_558766.shtml#2,访问时间:2022年6月11日。
③ 数据均来自最高人民检察院2021年6月1日发布的《未成年人检察工作白皮书(2020)》,详见正义网 http://news.jcrb.com/jszx/202106/t20210601_2284640.html,访问时间:2022年6月11日。

成年人犯罪人数为2 167人。① 从2020年起，强奸罪和猥亵儿童罪已经成为侵害未成年人犯罪的主要类型，位列前两位。

性侵害犯罪，包括《刑法》第二百三十六条、第二百三十七条、第三百五十八条、第三百五十九条、第三百六十条第二款规定的针对未成年人实施的强奸罪，强制猥亵、侮辱罪，猥亵儿童罪，组织卖淫罪，强迫卖淫罪，引诱、容留、介绍卖淫罪，引诱幼女卖淫罪，嫖宿幼女罪等。② 未成年人实施性侵害犯罪的原因包括生理、心理、社会、学校和家庭等多方面的因素，往往是各种因素综合导致的结果。未成年人性侵害犯罪的主体年龄在十四岁至十八岁，性器官发育逐渐成熟，两性差异日益明显，性意识开始萌发，如果不能及时有效地接受有关性知识和性道德教育，则很容易受到外界不良信息影响，在性冲动与好奇心的驱使之下，实施性侵害犯罪。

未成年人性侵害犯罪的类型多样，包括暴力胁迫型、引诱欺骗型、泄愤报复型和非法牟利型等。未成年人性侵害犯罪以追求初次体验或从众行为居多，多为突发性犯罪，具有团伙化倾向，手段也日益残忍，并呈现低龄化特征。③ 近年来随着互联网的普及发展，以网络为工具或以网络空间为场所实施的新型性侵害犯罪值得关注和研究。而且未成年人性侵害犯罪对象中有不少是未成年人，对被害人和侵害人本人的生理和心理都会造成巨大冲击和影响。因此，在对未成年人实施性侵害的未成年人的犯罪进行社会调查时，要特别注意坚持双向保护原则，在依法保护未成年被害人的合法权益

---

① 数据均来自最高人民检察院2022年6月1日发布的《未成年人检察工作白皮书（2021）》，详见最高人民检察院官网 https://www.spp.gov.cn/spp/xwfbh/wsfbt/202206/t20220601_558766.shtml#2，访问时间：2022年6月11日。

② 参考最高人民法院、最高人民检察院、公安部、司法部2013年发布的《关于依法惩治性侵害未成年人犯罪的意见》。

③ 余海燕. 未成年人性犯罪现象分析及预防对策[J]. 中国性科学，2011，20（01）：47-53.

第七章　未成年人涉性侵害类案件的社会调查实证分析

时，也要依法保护未成年犯罪嫌疑人、未成年被告人的合法权益。

本章选择了三个典型案例。其一是未成年人征得被害人同意实施的性侵害行为案件。其典型意义在于：行为人明知是不满十四周岁的幼女而与其发生性关系，不论幼女是否自愿，均应依照《刑法》第二百三十六条第二款的规定，以强奸罪定罪处罚。如果行为人确实不知对方是已满十二周岁不满十四周岁的幼女，双方自愿发生性关系，未造成严重后果，情节显著轻微，则不认为是犯罪。其二是未成年人帮助他人实施性侵害行为的案件。其典型意义在于：未成年人本人虽未与被害人发生性关系，但具有帮助的行为与帮助的故意，也应按其在共同犯罪中所起的作用定罪量刑。其三是未成年人好奇药效，以猥亵不特定异性为目的投药的案件。其典型意义在于：强制猥亵、侮辱罪表现为以暴力、胁迫或者其他方法强制猥亵他人或者侮辱他人的行为，通常不具有强行奸淫的目的，而是为了刺激或者满足行为人或他人的性欲的倾向，也是性侵害的一种典型表现。

案例　未成年人性侵害类案件

【基本案情】

案例一：

16岁的小亮生活在河北农村的一个四口之家，爸爸远在西藏打工，妈妈在家中务农，还要照顾家中老人和年幼的妹妹。初一年级学业结束后，小亮就不再上学了。退学在家中待了两年后，小亮先后在天津、北京、保定等地方从事饭店服务员工作，但在每个地方的工作时间都不超过三个月，"有时是和店里的人发生矛盾冲突，有时候是为了陪女朋友就不去上班了"。有一天，小亮刷短视频时，看到了李某（13岁）的视频，便私信了李某，双方互相加了微信，大约聊了一小时后，两人就迅速发展成了男女朋友关系。四五天后，两人相约见了第一面。隔了一两天，两人第二次见面后，李某就说自己不想回家，要随他走。二人在宿舍楼道发生性关系就后一直在一起生活，白天在朋友宿舍睡觉，晚上就住在楼道或者网吧。后来二人一起回小亮河北老家住了十几天，之后又去李某家住了四五天。就在小亮外出寻找工作时，他发现李某将他的联系方式删除了，于是他便未再与李某联系，直至因涉嫌强奸罪被捕。小亮说"她（李某）一直说跟我一样大，而且长得成熟，化个大浓妆。有一米七左右，没想过她才13岁。""我们那里的朋友都会和对象发生关系，只要对方同意就行。"小亮前后交过7个女朋友，在与第三任女朋友发生第一次性行为后，他与每一任女朋友都发生过性行为。小亮认为只要征得女友同意，两人就可以发生性行为。

案例二：

小刘（16岁）是某职业学校的学生，从小一直由爷爷奶奶照顾，13岁起开始跟父母一起生活。小刘从小学习成绩不好，初中时起便与社会人士混迹网吧、台球厅，多次逃学、夜不归宿、与人发生冲突、参与聚众斗殴等。一日，小刘受几个朋友邀请一起吃饭，饭后又共同打车前往朋友家居住过夜。其间，朋友张某（男）欲与李某（女）发生性关系，李某不从，小刘便从茶几上拿起水果刀进屋对李某进行言语威胁，后又回到客厅与朋友们一起抽烟，把刀放在了厨房。后李某出来说同意先与林某发生性关系，而后再与其他人发生关系。案发后，小刘辩称自己后来就回屋睡觉了，不知道后面的事情，自己并未与李某发生性关系。

案例三：

小飞（16岁）曾就读于某重点中学，8岁时父母离异，随父亲一起生活，母亲后移民国外。父亲工作很忙，父子二人经常各自在单位和学校吃完饭才回家，交流比较少。小飞进入重点中学后不太适应，学习压力比较大，成绩一路下滑，处于班级中下等水平，一下子感觉没有了目标，也找不到成就感。小飞开始把注意力转移到其他地方，渐渐迷上了军用物品，经常用自己的压岁钱在网上购买军用喷雾、甩棍、刀具等危险物品。虽然他也知道这些东西是限制买卖和使用的违禁品，但是出于好奇和兴趣，他还是偷偷地买回家，带到学校跟同学炫耀。当同学们都围着小飞，问他在哪里买的时候，他很开心，觉得自己被"尊重""羡慕"了。小飞说"那时候我就觉得自己很牛，别人买不到的，我买到了"。一天，小飞打游戏时页面弹出一个广告链接是卖迷药的，他很好奇药效，想看看这个东西是不是真这么厉害，于是就买了一瓶，一直放在书包里等待机会，打算向不特定的女性投药。有一天放学后趁教室没有其他人时，小飞在一位女生的水杯里下药，而后一路尾随该女生回家，但是跟丢了。后该女生在回家过程中发生昏迷，送医院后在血液检测中发现迷药成分，遂报警处理。

【法理分析】

在案例一中，小亮认为只要征得女友同意，两人便可以发生性行为，不构成犯罪。这是对法律的误读。根据《刑法》第二百三十六条规定，强奸罪是指违背妇女意志，使用暴力、胁迫或者其他手段，强行与妇女发生性交的行为，或者故意与不满十四周岁的幼女发生性关系的行为。由于不满十四周岁的幼女尚不具备决定性行为的能力，行为人与不满十四周岁的幼女发生性关系，即使幼女同意，也成立强奸罪。同时，最高人民法院、最高人民检察院、公安部、司法部2013年发布的《关于依法惩治性侵害未成年人犯罪的意见》明确规定，知道或者应当知道对方是不满十四周岁的幼女，而实施奸淫等性侵害行为的，应当认定行为人"明知"对方是幼女。对于不满十二周岁的被害人实施奸淫等性侵害行为的，应当认定行为人"明知"对方是幼女。这是因为不满十二周岁的幼女，基本还处于小学阶段，即便身体发育较早，从其言谈举止、待人接物上也很容易觉察出其可能是幼女，所以从对幼女给予特殊保护的立场考虑，应当直接认定行为人"明知"。对于已满十二周岁不满十四周岁的被害人，通常犯罪嫌疑人也会以各种理由否认自己"明知"以逃脱罪责，但从其身体发育状况、言谈举止、衣着特征、生活作息规律等观察可能是幼女，而实施奸淫等性侵害行为的，应当认定行为人"明知"对方是幼女。

《关于依法惩治性侵害未成年人犯罪的意见》还规定，以金钱财物等方式引诱幼女与自己发生性关系的；知道或者应当知道幼女被他人强迫卖淫而仍与其发生性关系的；对幼女负有特殊职责的人员与幼女发生性关系的；对已满十四周岁的未成年女性负有特殊职责的人员，利用其优势地位或者被害人孤立无援的境地，迫使未成年被害人就范，而与其发生性关系的；均以强奸罪论处。

综上可见，并非只要征得女友同意，便可以发生性行为，小亮知道或者应当知道对方是不满十四周岁的幼女，所以构成强奸罪。当然在现实生活中也不能排除存在行为人确实无法判断已满十二周岁不满十四周岁年龄段的某些被害人是否是幼女的极其特殊情形。在司法实践中要求犯罪嫌疑人必须提供令人信服的强有

第七章　未成年人涉性侵害类案件的社会调查实证分析

力证据，严格掌握认定标准。①

在案例二中，小刘强调自己并未与被害人发生性关系，只是在被害人不愿与他人发生性关系时，顺手从茶几上拿起水果刀进屋对其进行过言语威胁。强奸罪的本质特征是违背妇女的性决定权利，通常采用暴力、胁迫或者其他手段（例如利用灌醉或者药物麻醉、迷信欺骗等方法），使妇女处于不能反抗、不敢反抗、不知反抗状态或利用妇女处于不知、无法反抗的状态（如熟睡中）而乘机实行奸淫。被害人有的反抗剧烈，有的只是哀求，还有的瞻前顾后，为保命或者保声誉暂时屈服没有反抗。但不能简单地以当时被害人有无明显反抗来判断是否违背妇女意志。本案中，被害人表面上虽然最终同意了发生性关系，但仍有可能是被小刘持刀言语威胁后的权宜之计。而且，在共同实施的强奸犯罪中，直接实施强奸的是实行犯，帮助他人实施强奸行为的是帮助犯，尽管小刘作为帮助犯仅起辅助作用，但也属于共同正犯。只不过在共同犯罪中，实行犯是主犯，应从重惩处，帮助犯是从犯，应比照主犯从轻或者减轻处罚。所以，本案中尽管小刘强调自己并未与被害人发生性关系，只是在被害人不愿与他人发生性关系时，持刀进屋对其进行过言语威胁，也属于在共同犯罪中起次要或者辅助作用的从犯，同样构成强奸罪。

在案例三中，小飞因为好奇药效，以猥亵不特定异性为目的的投药行为同样触犯了法律。强制猥亵、侮辱罪也是性侵害的一种典型表现形式。我国刑法曾经将猥亵的犯罪对象仅限于妇女和不满十四岁的儿童。2015年11月1日起施行的《中华人民共和国刑法修

---

① 薛淑兰，赵俊甫，肖凤.《关于依法惩治性侵害未成年人犯罪的意见》有关问题的解读[N].人民法院报，2014-01-04（004）.DOI：10.28650/n.cnki.nrmfy.2014.000064.

正案（九）》修改了《刑法》第二百三十七条强制猥亵妇女、儿童罪的条款，将猥亵对象扩大到"他人"，包括男性和女性在内，男性的性自由也受法律保护。修订后的强制猥亵、侮辱罪，是指以暴力、胁迫或者其他方法强制猥亵他人或者侮辱妇女的行为。所谓猥亵，是指以刺激或满足性欲为目的，用性交以外的方法实施的淫秽行为（例如抠摸、舌舔、吸吮、亲吻、搂抱、手淫等行为），① 既可以发生在男女之间，也可以发也于同性之间。该罪主观上表现为故意，一般以不特定的人为对象，虽不具有强行奸淫的目的，但通常表现出刺激或者满足行为人或他人的性欲的倾向，为寻求精神刺激或闹事取乐，侵犯了社会对自然人的性羞耻心合法的保护。

此外，我国《刑法》第二百三十七条第三款还规定，如果猥亵儿童（不满十四周岁）的，依法必须从重处罚。2018 年 11 月 18 日，最高人民检察院公布第十一批指导性案例，对检察机关办理性侵、虐待未成年人违法犯罪案件进行指导，明确指出通过网络实施非直接身体接触猥亵行为也可认定构成猥亵儿童罪。② 在案例三中，小飞虽然辩称自己只是好奇药效，向不特定女性投药，但如果检察机关有证据证明其主观上是以刺激或满足性欲为目的的，即便最终小飞尾随该女生失败，未能真正实施猥亵行为，也仍然可以认定为强制猥亵、侮辱罪（未遂），对于未遂犯，可以比照既遂犯从轻或者减轻处罚。

---

① 也有学者认为猥亵行为只能是性交以外的行为观点不妥，例如妇女对幼男实施性交以外的行为构成猥亵儿童罪，妇女对幼男实施性交行为也构成猥亵儿童罪。参见张明楷. 刑法学（第四版）[M]. 北京：法律出版社，2011：787.

② 在最高人民检察院公布的指导案例——骆某猥亵儿童案中，被告人骆某以虚假身份在 QQ 聊天中对十三岁女童小羽进行威胁恐吓，迫使其自拍裸体图片传送给其观看。法院最终认定骆某已构成猥亵儿童罪（既遂），非直接身体接触的猥亵行为与实际接触儿童身体的猥亵行为具有相同的社会危害性。

第七章 未成年人涉性侵害类案件的社会调查实证分析

【犯罪心理分析】

本章中涉及的几个案例，嫌疑人年龄均为十六岁的未成年人，他们的犯罪心理是如何发生发展的呢？

对未成年犯的情绪状态进行调查。情绪是人对客观事物的态度体验以及相应的行为反应，它的产生往往和人的需要是否得到满足有关。情绪具有明显的动力性、激动性、强度等特点，因此不同情绪的产生会带来不同的效果。放火类案件中涉罪人的情绪特点相对复杂，有的案件是蓄意作案，准备已久，作案时情绪状态平静而稳定，这样的未成人犯矫正相对较难，再犯风险较高。相反，有的未成年犯放火时情绪冲动，难以自控，是临时起意导致的，这样的未成年人通常认罪、悔罪态度较好，对其帮教和矫正相对容易。司法社工在开展社会调查时应询问未成年犯作案时的情绪状态，在开展调查中应关注其情绪反应，在与家长和老师沟通过程中应了解其一贯情绪态度和表现。如果该未成年人愤怒和冲动情绪较多、心理状态不稳定，则会提高攻击性行为出现的概率，再犯的风险也会变高。同时我们还可以借助心理测评工具，如艾森克人格问卷（EPQ）或巴瑞特冲动性人格问卷（BIS）来对未成年犯进行情绪状态的评估。艾森克人格问卷中对于被测者情绪的稳定性有很好的测量效果，巴瑞特冲动性人格问卷对冲动性倾向有不错的测量效度。

1. 认知系统不健全，缺乏必要观念

未成年人犯案时年龄多为十六岁到十八岁之间，这个年龄的孩子尚处在青春期，是从无知走向成熟的关键阶段，也是形成心理自我的重要时期。然而，多数未成年犯学习兴趣低下，学业成绩不佳，没有接受良好的教育，有些甚至辍学流浪，缺乏有效监管，导致他们认知能力和道德水平的发展均受到不同程度的限制，特别是对法律的认知更是浅薄，容易受到不良文化的影响。在面对复杂多

变的社会形态时，认知力、判断力不足，导致犯罪行为的发生。

在小亮的案例中，其初一便辍学在家，而后在家里待了两年，随即进入社会打工。案发时小亮与未满14周岁的幼女发生性关系，但其本人并不知道与未满十四周岁幼女发生性行为会触犯强奸罪，认为只要双方你情我愿即可，而且认为只有通过发生性关系，才能证明对方真正爱自己，这充分暴露出小亮对法律认知的不足，法律意识淡薄，看问题比较幼稚，带有很强的片面性和局限性。在小飞的案例中，在小飞明知购买迷药并给受害人下药是违法行为的情况下，仍对其行为后果进行了合理化，认为只要受害人睡一觉就好了，并不会造成恶劣的后果，这表明其认知结构不成熟，孤立地看待事件，不能将其前因、后果、可能带来的影响等因素结合起来看。在小刘的案例中，小刘认为自己没有具体实施逼迫性的性行为即不能称之为强奸，也明显地反映了其缺乏法律常识和观念。

以上三位未成年人缺少正确的认知和必要的观念，在与未成年女性交往的过程中缺乏基本的法律常识，对后果的考虑不做计较，充分表明了他们思想不够成熟，认知不够健全，处事不够合理的特点，也反映出处在青春期的未成年人心理发展的矛盾性，既有强烈的成人感，又有突出的幼稚性。这种矛盾在缺乏必要认知和合理监管的情况下让他们做出了看起来近乎疯狂的举动。

2. 需要脱离实际，动机复杂多样

心理学家马斯洛的需求层次理论认为，人的需求是多样的，但是具有层次性，只有低级需求被满足后才能产生更高级别需求。低级需求包括生理和安全的需求，高级需求包括归属与爱、认知审美以及自我实现的需求。案例中的几位未成年人由于长期缺乏有效的亲子沟通以及在学业上表现不佳，故而高级需求不能得到很好的满足甚至是极度缺乏。在这种情况下，他们非常渴望高级需求特别是归属与爱的需求。在小飞的案例中，其多次表达了因为自己初中学业不佳、在学校里得不到尊重，所以购买危险品来进行炫耀显摆的心理，这样的心理为其后面的犯罪行为埋下了伏笔。小亮也是因为多次的早恋经历使其在感情中受伤，最终形成对感情放纵和玩弄的态度，导致了案件的发生。此外，案例中的几位未成年人对于生理和安全的需求也表现出超出一般水平的渴望。他们在不良的社会环境影响下，产生了强烈的脱离现实甚至是不道德的需求。如小刘案件中其可以为了同伙的需求而持刀威胁受害人，小亮为了满足性需求在楼道里发生性关系。这些对异性的占有欲，寻求各类刺激的需求在正常情况下很难得到满足，因此在非正当，不合法的条件下予以满足，导致犯罪行为的发生。

除需要之外，几位犯罪嫌疑人的犯罪动机也值得深思。动机是推动一个人从事某种活动的根本动力。很显然，在这三个案例中性动机是普遍存在的，这是一种为满足本能的需求所产生的动机。青春期的未成年人生理已然成熟，对性的神秘感和渴望成了其犯罪的主要动力。除此之外，好奇动机、戏谑动机和友情动机也普遍存在。在小飞的案例中，好奇动机一直占据主导地位。小飞往被害人杯中投放药物后，一路跟踪观察被害人是最好的证明。在小刘的案例中，小刘持刀威胁被害人后，出现了多人和一人发生性关系的情况，其中的戏谑动机和友情动机也是显而易见的。几位未成年犯都侥幸地认为自己的行为不会带来严重的后果，不会对对方带来实质性的伤害，结果下意识地忽视了问题的严重性，导致了事态的严重性。

3. 性格存在缺陷，冲动、好奇、自我控制力差

从个性角度出发，我们认为这三个案例中的嫌疑人都具有个性冲动、行事不计后果、自制力差等特点。"个性是指一个人整体的

心理面貌，是具有一定倾向性的心理特征的总和。"个性主要包括人的气质和性格，特别是性格在犯罪心理形成过程中扮演十分重要的角色。心理学中所说的性格是指一个人对现实的稳定的态度，以及与这种态度相应的、习惯化了的行为方式中表现出来的个性特征。性格一经形成便比较稳定，未成年人走上犯罪道路往往和性格中的某些缺陷息息相关。案例中涉罪未成年人的性格主要体现在以下几个方面。

一是冲动。小刘上学期间由于缺乏监管，导致其性格冲动、叛逆，多次逃学，参与聚众斗殴，习惯于用暴力解决问题，做事不计较后果。在心理上逐渐形成冲动、易怒、控制力差和胆大妄为的特点，正是这些特点造成了他学会了使用暴力胁迫的手段。

二是好奇。因父母离异和工作繁忙，小飞和父母的亲子关系并不十分融洽，小飞的心理轨迹的变化家长也没能及时捕捉到，导致小飞长期被忽视，久而久之形成压抑、逃避、否定的心理。在主流的生活事件里没能得到充分自尊的小飞，便将注意力转向购买军用物品等猎奇性较强的事物上面，最后又铤而走险购买迷药，导致其一步步滑向不可控制的局面。

三是自我控制力差。所谓自我控制是指个体自主调节行为，并使其与个人价值和社会期望相匹配的能力，它可以引发或制止特定的行为，自我控制的失败对个人及社会都有着广泛而深刻的负面影响。上述三个案例中的涉罪人均缺乏有效监管，导致他们被放任自流，没有形成充分的自我管理和自我约束能力，行动做事边界感不清晰，规则意识不强。在小亮的案例中，小亮年纪轻轻就有多段恋爱和多次性经历，经历让人对其犯下的罪行感到一点也不意外。

【犯罪社会学分析】

未成年人的社会化主要在家庭、学校及所生活的社区中得以实现，同时，置身于社会大环境之中，不同的文化、不同的群体等都会对青少年自身价值观的形成起到至关重要的影响。如果这些环境中存在诱发犯罪的因素，那么极有可能导致青少年走向犯罪道路。

1. 微观层面——家庭教育对未成年人犯罪的影响

在个人成长及社会化发展的过程中，家庭教育发挥着举足轻重的作用，良好的家庭教育能够帮助青少年形成健全的人格、树立正确的世界观、人生观和价值观，反之，如果家庭教育不良或家长长期处于缺位状态，则子女很有可能会形成不良性格或出现行为问题。

在小亮的案例中，小亮家中的主要成员有父母及妹妹，另外还有长期需要照顾的老人，父亲长期在西藏打工，在孩子的教育过程中长期处于缺位状态。而从初一过后，小亮就已退学，案发前期已经在家中待了两年之久，其间父母却并未要求他继续完成义务教育阶段的学习。之后不论是小亮外出打工频繁辞职或者是将被害人带回家中居住，其母亲都并未对其进行应有的管束和教育，足以看出小亮父母一方面自身法律意识和教育文化水平相对比较欠缺，另一方面，在对孩子日常教育的过程中缺乏对孩子"三观"的正确引导，致使小亮走向犯罪的道路。

通过小刘的案例可以看出，小刘在13岁以前并未跟随父母一起生活，因此，在其儿童时期并未得到父母足够的教育和关爱。亲情的缺失容易对孩子造成一些心理健康等方面的负面影响，同时也容易导致孩子形成易怒、易冲动的性格，从小刘上学期间多次进行打架斗殴以及违法犯罪的行为可以看出，小刘存在着易怒、易冲动的性格特点。另外，虽然13岁以后小刘就跟随父母一起生活，但是父母也并未尽到应尽的教育责任，初中期间小刘就经常逃学、夜不归宿、打架斗殴，并且经常混迹于网吧、台球厅等"亚文化场所",而其父母对此却并未进行严厉管教或制止此类行为的发生,以至于后来小刘做出更多"越轨"行为,最终触犯法律。

在小飞的案件中,小飞是单亲家庭,家庭中母亲的角色长期缺失,而其父亲工作又比较忙,缺少与小飞应有的沟通,因此,小飞可能会在精神上感到空虚、寂寞,加之小飞学习成绩的下降给自身带来的焦虑感、迷茫感和低成就感等,极易导致小飞通过一些"非正常"的途径来获得自身的满足感和被尊重感,以弥补在家中缺失的安全和情感慰藉。

2. 中观层面——学校教育对未成年人犯罪的影响

学校是未成年人社会化的另一个主要场所,未成年人通过学校教育构建自身知识体系和思想道德体系。同时,学校也是连接未成年人家庭和社会的纽带,未成年人在学校中预习如何进入成人社会,此时,如果学校教育缺失或不得当,很容易使未成年人流向社会,走向犯罪的道路。

在案例一中,小亮初一上完后就退学在家,其知识和能力储备相对欠缺,素质相对较低,难以从事技术性的劳动。另外,过早退学导致小亮缺乏明辨是非的能力,也使其自身的认知系统存在偏差,容易受到不良小团体的影响从而误入歧途。案例中小亮提到周围的朋友在恋爱时都会与对方发生关系,因此自己也认为只要征得女友同意,就可以与其发生关系,这是其法律意识淡薄、易受他人不良影响的表现。

在案例二中,小刘虽然仍在学校就读,但是其在校期间经常出现逃学、打架斗殴等不良行为,且最终走上犯罪道路,说明学校日常对学生行为问题的管理和教育不够严格,有不察之责。

在案例三中,小飞曾在重点中学就读,但是其成绩处于中等偏下水平,因此导致其在学习方面有挫败感,转而通过购买、炫耀违禁品的方式来获得自身的满足感，这说明学校对其关注不够，"重智育轻德育"的传统教育思想使得对学生的思想道德教育和心理健康教育相对缺乏。

在本章的三个案例中，三名未成年人都表现出法律意识淡薄、缺乏法律常识的问题，根本意识不到自己的行为已经触犯了法律，也说明学校法制教育的缺乏或流于表面，这是影响青少年犯罪的一个重要因素。

3. 宏观层面——社会对未成年人犯罪的影响

近年来，随着经济的高速发展、科技的不断进步，一些扭曲的社会价值逐渐通过网络、亚文化场所等方式不断侵蚀未成年人的"三观"，对未成年人产生不良的影响。

从本章的三个案例中可以看出，一方面，三名未成年人通过手机、网络等方式接受了一些不良的信息，又因他们自身法律意识淡薄、缺乏对信息的筛选和辨别能力，导致他们形成了错误的认知和价值体系，从而走上犯罪道路。另一方面，从小亮和小刘作为未成年人却多次出入网吧、台球厅等"亚文化场所"，以及小飞能够多次通过互联网购买到限制买卖和使用的违禁品可以看出，目前社会对于此类场所以及相关网络平台的监管力度仍有欠缺，使得相关场所和互联网成了滋养罪犯的"温床"。

【社会调查实证分析】

1. 法律视角

未成年人性侵害犯罪往往是生理、心理、社会、学校和家庭等内外因素共同影响导致的结果。对未成年人性侵害进行社会调查时应从"教育、感化、挽救"未成年人的基本理念出发，坚持教育和保护优先，准确找到其犯罪背后的深层次原因，正确判断其人身危险性和再犯可能性，个性化设计帮教、矫治措施，帮助其回归社会。

（1）注意对未成年犯罪嫌疑人品格证据相关内容的调查。

未成年人品格证据，是指证明未成年犯罪嫌疑人的性格倾向、行为方式、名声等反映其品格或品格特征的证据。① 最高人民检察院 2017 年 2 月发布的《未成年人刑事检察工作指引（试行）》规定，人民检察院在办理未成年人刑事案件时，社会调查报告可作为审查逮捕、审查起诉、提出量刑建议以及帮教等工作的重要参考。虽然从规范角度而言，社会调查报告并非证据，但司法实践中也存在社会调查员出庭，且针对影响量刑的社会调查报告进行宣读并接受质证的情况。② 社会调查报告的核心内容是考察未成年犯罪嫌疑人的人身危险性、再犯可能性、是否具备有效帮教条件等，是检察机关审查逮捕、审查起诉、提出量刑建议时重要的考量因素。性侵害案件中的未成年犯罪嫌疑人的成长经历、生活习惯、兴趣爱好、教育程度、学习成绩、一贯表现、不良行为史、家庭教育、社会交往等内容，不仅是未成年人品格证据的一个重要来源，也是后期对未成年犯罪嫌疑人实现个性化帮教工作的基础。性侵害案件中的未成年犯罪嫌疑人往往由于受到外界不良信息、社会交往环境的影响，加之青春期性教育、家庭有效监管的缺位等原因，才实施的性侵害行为，只有全面深入了解未成年犯罪嫌疑人的成长经历、兴趣爱好、家庭背景、社会交往等，才能实现有效帮教，使之蜕变、重归社会。

（2）重视对未成年犯罪嫌疑人和未成年被害人的双向保护。

在未成年人性侵害案件中，有不少被害人本身就是未成年人。

---

① [1] 谭新宇，谭庆德. 一体化工作模式下未成年人品格证据运用 [N]. 检察日报，2018 - 11 - 12（003）.

② 岳慧青. 性侵害未成年人案件证据的运用 [M]. 北京：法律出版社，2018.

对于未成年人实施性侵害未成年人犯罪的，要特别注意坚持双向保护原则，在依法保护未成年被害人的合法权益时，也要依法保护未成年犯罪嫌疑人、未成年被告人的合法权益。《未成年人刑事检察工作指引（试行）》规定，开展社会调查应当走访未成年犯罪嫌疑人的监护人、亲友、邻居、老师、同学、被害人或者其近亲属等相关人员，必要时还可以通过电话、电子邮件或者其他方式向身在外地的被害人或其他人员了解情况。因此，性侵案件在开展社会调查时，应当特别注意尊重和保护未成年人犯罪嫌疑人和未成年被害人隐私，避免向不知情人员泄露未成年人的相关信息。对于涉及未成年被害人、未成年犯罪嫌疑人和未成年被告人的身份信息，可能推断出其身份信息的资料和涉及性侵害的细节等内容，应当予以保密。到未成年人及其亲属所在学校、单位、居住地开展社会调查的，应当避免驾驶警车、穿着制服或者采取其他可能暴露未成年人身份、影响未成年人名誉、隐私的方式。要以未成年人利益最大化原则把握好调查的范围和尺度，避免对未成年人造成不利影响。

在询问未成年被害人时，应当坚持不伤害原则，选择在未成年人住所或者其他让未成年人心理上感到安全的场所进行，并通知其法定代理人到场。若无法通知、法定代理人不能到场，则也可以通知未成年被害人的其他成年亲属或者所在学校、居住地基层组织、未成年人保护组织的代表等有关人员到场，并将相关情况记录在案。询问未成年被害人时应当考虑其身心特点，以及性侵害行为对其造成的巨大伤害，采取和缓的方式进行，对与性侵害犯罪有关的事实应当进行全面询问，以一次询问为原则，尽可能避免反复询问给性侵被害人带来的二次伤害。对于遭受性侵害，严重影响心理健康的未成年被害人，应当及时对其进行心理救助。

（3）关注未成年犯罪嫌疑人对性侵害行为的认知和态度。

未成年人性意识刚刚萌发，或是出于对异性的好奇心理，或是受到色情媒体信息刺激，或是在模仿从众心理支配下，容易冲动实施性侵害行为，以满足自己生理和心理需求。很多未成年犯罪嫌疑人甚至完全没有认识到性侵害行为的严重性，不偷不抢怎么就是犯罪呢？自己正常谈恋爱，双方自愿发生性行为也算犯罪吗？他们事后往往也意识不到性侵害会给被害人及其家庭带来的巨大心理冲击和伤害。这些错误认知和态度也是未成年犯罪嫌疑人法律知识缺乏、法律意识淡漠的表现，也是其再犯罪的风险隐患。因此，在性侵害社会调查中，关注和详细询问、了解未成年犯罪嫌疑人对自身行为的认知和态度，对于准确把握其犯罪原因，正确判断其人身危险性、再犯可能性，有效设计帮教、矫治措施，预防其再犯罪都具有十分重要意义。同时，也为日后法官审理案件时对其进行法庭教育找到着力点，找准"教育点"和"感化点"。值得注意的是，在强奸案件中，未成年犯罪嫌疑人对侵害对象年龄的主观认知非常重要，尤其是当侵害对象为不满十四周岁的幼女时，社会调查人员应当详细询问未成年犯罪嫌疑人对侵害对象的年龄认知情况，与侵害对象认识途径、接触或交往时观察到的体貌特征、衣着打扮、言行举止、生活作息等细节，以供司法人员参考判断未成年犯罪嫌疑人是否足够谨慎，是否有充足且合理、有力的证据证明其根本不可能知道对方为幼女。

2. 心理学视角

未成年人性侵类案件具有高度的独特性，犯罪嫌疑人和被侵害的对象往往都是未成年人，他们处在青春期，心智不成熟，受不良环境影响大，对他们的犯罪成因、悔罪态度、人格特点的分析论证都要慎之又慎。在调查时要通过面对面交流，营造宽松舒适的氛围，和被调查人共同澄清犯罪的事实，结合心理测评，寻找犯罪的成因和不易察觉的心理动力，从保护和再教育的角度出发，评估他们人身危险性和再犯可能性。

（1）心理测评量表的选择和开展心理测评的时机应慎重。

性侵类案件的涉罪人往往存在着冲动性、情感性、防御性、回避性等心理特点。在开展心理测评时应注重量表的选择和测量的时机。心理量表的选择上应避免仅使用一种量表，且注重优先选择对被调查人的人格和性心理的测评。社会调查开始之初被调查人往往存在着较强的抵抗心理和防御态度，此时进行心理测评可能无法收获较高的效度。建议调查人员使用专业技巧，综合运用开放、尊重、真诚的态度，在和被调查人进行充分的访谈沟通后，再使用心理测评量表。如果在开展调查的过程中，与被调查人的信任关系没能很好地建立，甚至出现消极不配合的情况，那么此时把心理测评结果作为参考依据的可能性应大大降低。

（2）对被调查人的早年经历应特别关注。

人的心理问题往往是滞后反应的，即今天的行为，却不是因今天的问题，那些莫名其妙的难以理解的行为，根源往往都在过去。而早年的经历，对于犯罪嫌疑人来说又具有特别的意义，它往往是犯罪心理逐渐演变的根源。上述案例中犯罪嫌疑人的早年均没有良好的亲子陪伴，父母离异、被寄养流放的比例高，被家庭忽视严重，暴力行为频现。在儿童早期，父母的缺位会导致其安全感缺乏，人格发展不健全，固执僵化，性别角色失调等各类问题，也有部分未成年人在幼时过早接触或看到性行为而无法理解，此时儿童年幼缺乏判断力，若缺乏正确的引导将使这些未成年人误入歧途。对被调查人早年经历的关注可以帮助我们判断其心理的扭曲程度，以及日后帮教和心理重塑的可能性，这对于社会调查来说是十分必要的。

（3）注重对被调查人的性观念调查。

性观念指包括性生理、性心理、性行为、性道德和性文明等在内的对性的总的认识和看法。从一般意义上讲，未成年人的性观念尚处在不断成熟之中，性心理和性生理仍处在快速发展期，家庭教育和学校教育长期的缺位使犯罪嫌疑人只能通过同伴和网络来解决。而网络上的不良信息和教唆很可能使被调查人养成性态度随意、性行为频发的习惯，这为其最后实施犯罪行为埋下种子。在社会调查中，需要考虑被调查人的不良性观念形成的路径从而思考可能的帮扶措施，消除互联网对未成年人价值观的"不良影响"。

（4）调查过程中，要充分调动被调查人，形成对犯罪心理脉络的梳理。

在社会调查中，建议通过列出关键事件节点的方法来形成犯罪心理演变的脉络。从心理动力学的角度看，最了解自己的人往往是自己，最真实的自己往往在潜意识中蛰伏。在这个过程中，要注重被调查人自己的感受和分析，多使用开放式提问而非封闭式提问，促使被调查人进行广泛的探索，请被调查者描述自己突然闯入脑中的画面、事件和人物，找到行为事件的关键点。同时在和被调查人的沟通中，寻找被调查人在描述事件过程中积极有利的个性品质，促使其进行自我觉察和自我感化，为日后走上正轨、恢复正常的生活寻找根本动力。

3. 社会学视角

（1）对涉案未成年人的家庭情况展开调查，比如其父母的年龄、职业、受教育程度等，尤其要注意其家庭的教育和沟通模式，通过了解涉案未成年人的成长背景，探寻他们产生违法行为的诱因和动机。

（2）对涉案未成年人的朋辈群体以及案例中所涉及的其他参与者或有可能产生违法行为的人员进行探访，了解他们的相处模式和群体中所共同认可的价值观念，分析群体亚文化和朋辈群体对于未成年人犯罪的影响，同时对涉案未成年人开展更有针对性的认知行为矫正。

（3）对涉案未成年人所在的学校进行调查，着重了解学校的教育教学方式和过程，重点调查涉案未成年的老师、关系较好的同学等，对他们的行为方式、性格特点有更全面的了解，在调研的同时也要注意尊重和保护涉案未成年人的隐私。

（4）可通过个案访谈的方式深入了解涉案未成年人对于自身行为的认识和态度，运用接纳、倾听、提问、澄清等谈话技巧确定他们的真实想法，从而更准确地评估他们再犯的可能性。

第八章
未成年人涉网络类案件的社会调查实证分析

近年来，互联网的高速发展，网络犯罪已成为未成年人犯罪新的增长点，形势严峻。[①] 由中国互联网络信息中心（CNNIC）发布的第 48 次《中国互联网络发展状况统计报告》显示，截至 2021 年 6 月，全国网民总体规模超过 10 亿，其中 19 岁以下的网民占总网民人数的 15.6%。共青团中央维护青少年权益部和中国互联网络信息中心发布的《2020 年全国未成年人互联网使用情况研究报告》数据显示，互联网已经成为未成年人的学习、生活与娱乐的主要阵地。在这个主要阵地中，未成年人一方面是网络世界的主要参与者，另一方面由于年龄和心理发育不成熟，十分容易受到网络的暴力/黄色信息的污染，以及不法分子的诱骗和教唆，从而成为网络犯罪的实施者。根据最高人民检察院发布的数据，2021 年 1 月至 9 月，检察机关起诉未成年人利用电信网络实施犯罪的人数为 2467 人，同比增长 32.6%，[②] 影响范围广、社会危害性大。因此本书设置专章，专门探讨未成年人网络犯罪案件中的社会调查问题。

本书所指未成年人网络犯罪，是指由未成年人实施的与网络相关的犯罪。未成年人网络犯罪既包括未成年人以网络系统自身为侵害对象的犯罪，也包括利用网络作为技术手段实施的犯罪。[③] 未成年网络犯罪主要有以下四种类型：一是非法入侵或破坏信息化系统；二是利用互联网实施盗窃、诈骗、抢劫、强奸等违法违规行为；三是使用互联网侵犯他人隐私和名誉；四是建立传播非法信息

[①] 门植渊. 未成年人网络犯罪的治理困境及实践应对［C］.《上海法学研究》集刊（2020 年第 20 卷总第 44 卷）——上海市检察院文集.［出版者不详］，2020：14 - 20.

[②] 陈慧娟. 最高检数据显示涉及未成年人电信网络犯罪呈现新特点［N］. 光明日报，2021 - 10 - 19（004）. DOI：10.28273/n.cnki.ngmrb.2021.005317.

[③] 门植渊. 未成年人网络犯罪的治理困境及实践应对［C］.《上海法学研究》集刊（2020 年第 20 卷总第 44 卷）——上海市检察院文集.［出版者不详］，2020：14 - 20.

的网站。①

当前，未成年人网络犯罪案件呈现出以下特征：①侵财型犯罪占主体地位；②初中及以下学历犯罪占比越来越高；③犯罪侦破难度越来越大；④新型犯罪手段越来越多；⑤共同犯罪特征明显；⑥犯罪危害越来越大。②

对未成年人涉网络犯罪案的社会调查，因犯罪主体和犯罪客观存在特殊性，尤需应当关照到未成年人的法律意识（包括法律素养、主观故意、犯罪方法、是否受到教唆、悔罪表现），心理状态（包括虚假心理预期、精神控制与社交压力、道德推脱），社会（家庭教育、帮伙亚文化）三重因素。

本章选择了一个典型案例：未成年员工在上司授意下利用网络社交软件结识受害人，并假扮网络主播实施诈骗的案件。其典型意义在于：成年人利用未成年人实施犯罪行为；而且该犯罪行为是近几年典型的网络侵财类案件。以下为管窥之见，期待对未成年人涉网络犯罪案的社会调查工作有所助益。

案例　未成年员工利用社交平台实施网络诈骗案

【基本案情】

16岁的女孩小然自幼生活在老家河南。小然的父亲是一名长途汽车司机，平时在家时间较少，但对小然很和气，他通常

---

① 张浩军. 中国青少年网络犯罪研究叙述［J］. 法制与社会，2021，(07)：121-122.
② 王烨捷. 上海调研未成年人网络犯罪现状及特征. 中国青年报客户端. 2020年9月18日. https://baijiahao. baidu. com/s？id=1678363853347024997&wfr=spider&for=pc（2022年2月24日访问）.

会通过讲道理和鼓励的方式教育孩子。小然的母亲没有固定工作，主要负责管教孩子和家里的日常生活，间或外出兼职，教育方式比较粗暴。如果小然考试成绩不理想，母亲会拿小然与别人家的孩子进行比较，经常严厉地批评小然。家中除了父母，小然还有一个弟弟，她和弟弟关系很好。小然的小学与初中均在老家就读，初一之前小然成绩尚可，但在进入初二后她受到不良学习氛围的影响，学习成绩下滑，后考入中专学习空乘专业。毕业后小然通过成人高考进入一家高等职业院校学习，小然在高等职业院校和同学们关系融洽，是老师们口中懂事的好孩子。

  上中专后，小然经常利用节假日在酒店和餐饮店兼职做服务员。一日，小然的中专同学丁美找到小然，并对她说："我几天前在 XM 网络科技公司（以下简称 XM 公司）找到一份工作，待遇很好，我推荐你去吧。"小然并没有过多询问兼职工作的性质和内容就欣然答应下来。入职 XM 公司后，小然收到一份入职培训文件。文件中详细写明了如何开展诈骗工作，例如去哪些软件找人，找到人如何用虚拟的主播身份与对方聊天、如何说服对方刷礼物等。小然虽然意识到这份工作具有欺诈的性质，但她并没有离职。起初她不想骗人太多的钱，只是想混个底薪。但主管看她业绩较差，欲辞退她，同学丁美为她求情。小然为了不辜负丁美的好意，开始在主管的指导下"努力工作"——她使用虚假身份在一些社交软件上寻找男性并与其聊天，进而发展为恋人关系，告知对方自己的工作为主播或者兼职主播，诱导对方在公司主播的直播间花钱刷礼物。当开出大单子时，小然也非常担心和害怕，但主管安慰她说："客户们都是自愿充值的，客户充得越多，你提成越多；而且就算警察发现，也是公司承担责任。"主管的承诺让小然放下心来，认为即便出事也

> 无须自己担责,所以继续从事该工作直至案发。
>
> 案发后,小然非常后悔,希望通过赔偿被害人的经济损失弥补自己的过错。谈到今后,小然表示要积极改造,早日回归社会。

【法理分析】

在本案中,小然以非法占有为目的,以虚构事实、隐瞒真相的方式骗取他人财物,数额较大,其行为已经触犯了《中华人民共和国刑法》第二百六十六条、第二十五条第一款的规定,应当以诈骗罪追究其刑事责任。

所谓"诈骗罪",是指以非法占有为目的,使用欺骗方法骗取数额较大的公私财物的行为。诈骗罪侵犯的客体主要是他人财物的所有权。该罪在客观方面,主要表现为行为人采用使用捏造事实或掩盖真相等方式,骗取金额较大的他人财物。该罪在主观方面,主要表现为行为人直接故意,且以非法占有他人财物为目的。在本案中,小然为了赚钱,在明知其工作有"欺骗"性质的情况下仍然选择从事该项活动,以占有他人财物为目的,在主观方面具有直接故意。

作为一起网络诈骗案,本案与传统诈骗案件不同的地方在于客观方面——在XM公司的诱导下,小然通过社交软件与男性接触,捏造身份,打着"谈恋爱"的名号欺骗这些男性;并在时机成熟时抛出女主播的身份,诱骗受害人到直播间打赏。小然及其同事的这种通过网络平台欺骗受害人为主播打赏的做法,严重侵害了受害人的财产所有权。

本案的特殊之处在于,是未成年人在成年人的诱导之下,通过社交网络实施的犯罪行为。本案是一起典型的"上司"授意未成年员工实施电信诈骗，侵害他人财产权益的案件。未成年人小然通过同学介绍，求职应聘进入 XM 公司。在工作过程中，小然发现工作内容存在虚假状况，因而有所警觉。但在其上司的经济利益诱惑下，小然还是听从其授意通过网络社交软件联系被害人，诱骗被害人"打赏"，致使多名被害人钱财被骗。本案绝不是偶发，当前，很多未成年人进入社会"兼职"，由于他们严重缺乏社会经验，法律意识也较为淡薄，又在心理上与父母师长疏远，从而不能及时得到正面引导，所以在面对利益诱惑时无法进行理性判断，这就很容易被一些披着"合法外衣"的成年人和不法机构利用，甚至成为不法之徒违法犯罪的积极帮凶。

本案所涉及的法律，除《刑法》外，还包括《中华人民共和国未成年人保护法》《中华人民共和国预防未成年人犯罪法》和《中华人民共和国家庭教育法》等。我国新修订的《中华人民共和国未成年人保护法》对未成年人网络权益予以明确肯定，并设置专章。对"网络保护"予以规定，要求国家、社会、学校和家庭应当加强未成年人网络素养宣传教育，培养和提高未成年人的网络素养，增强未成年人科学、文明、安全、合理使用网络的意识和能力，保障未成年人在网络空间的合法权益。其中，第七十四条第二款规定，网络游戏、网络直播、网络音视频、网络社交等网络服务提供者应当针对未成年人使用其服务设置相应的时间管理、权限管理、消费管理等功能。

在《中华人民共和国未成年人保护法》对未成年人网络素养及网络行为进行正面规定的同时，我国《中华人民共和国预防未成年人犯罪法》从预防犯罪的角度要求家庭、学校、社会对未成年人的不良行为予以干预、对其严重不良行为予以矫治。该法第十条规定，任何组织或者个人不得教唆、胁迫、引诱未成年人实施不良行为或者严重不良行为，以及为未成年人实施上述行为提供条件。第十六条规定,未成年人的父母或者其他监护人对未成年人的预防犯罪教育负有直接责任,应当依法履行监护职责,树立优良家风,培养未成年人良好品行。若发现未成年人心理或者行为异常,则应当及时了解情况并进行教育、引导和劝诫,不得拒绝或者怠于履行监护职责。

2021年6月,教育部根据《中华人民共和国教育法》《中华人民共和国未成年人保护法》等法律法规制定了《未成年人学校保护规定》,要求学校对在校未成年人开展法治教育和网络素养教育,对不法网络行为采取措施并报告。其中第三十四条规定,学校应当将科学、文明、安全、合理使用网络纳入课程内容,对学生进行网络安全、网络文明和防止沉迷网络的教育,预防和干预学生过度使用网络。学校为学生提供的上网设施,应当安装未成年人上网保护软件或者采取其他安全保护技术措施,避免学生接触不适宜未成年人接触的信息;发现网络产品、服务、信息有危害学生身心健康内容的,或者学生利用网络实施违法活动的,应当立即采取措施并向有关主管部门报告。第四十三条规定,学校应当结合相关课程要求,根据学生的身心特点和成长需求开展以宪法教育为核心、以权利与义务教育为重点的法治教育,培养学生树立正确的权利观念,并开展有针对性的预防犯罪教育。

本案中,小然利用社交软件实施诈骗行为,其父母、学校和社交软件的网络服务提供者均有不可推卸的责任。作为小然的监护人,其父母应当对其女儿提供生活、健康、安全等方面的保障,也应当关注小然的心理状况和情感需求;教育和引导她遵纪守法、合理教养,并预防和制止未成年人的不良行为和违法犯罪行为。学校应当对学生开展有针对性的预防犯罪教育,并在发现学生实施网络违法活动时采取措施和报告。而社交软件的网络服务企业,应当承担起社会责任,在未成年人注册、使用该软件时长、功能等方面进行特别设置,从而保护未成年人的网络安全,防止未成年人沉迷网络。

🔄【犯罪心理分析】

本案中涉嫌网络诈骗的未成年人小然,是一个被"诈骗"的诈骗者,一个"被心理控制"的"心理控制者",其犯罪心理是如何发生发展的呢?

1. 找兼职不慎落陷阱,虚假心理预期导致小然关闭理性决策系统

未成年人小然为某职业院校在校生,父亲失业、母亲打零工,因经济拮据,小然四处寻找假期兼职,岂料遭遇了XM公司营造的三个虚假心理预期的陷阱。

(1) XM公司是同学介绍、同学也在干、同学认为"挺好的单位",熟人的推荐认可建立了小然对XM公司的初始信任,这份信任促使小然对兼职公司的合作性动机与行为、行为与角色规范之间出现的因果连带都做出了"可靠性"预期。

(2) 对经济拮据的小然来说,XM公司福利待遇好且解决住宿,激活了她对"获得报酬""改善物质生活"的愉悦的情感体验。个体倾向于在模糊情境下尽快探索一个明确的答案,一份能满足个人核心需求的兼职有助于快速摆脱认知压力,XM公司营造的虚假预期促成小然"这工作挺好"的认知闭环,使小然陷入对未来的美好幻想中。这个认知闭环,一方面强力驱动了小然的卷入倾向;另一方面,也形成以"这工作挺好"为中心的认知合理化系统,对之后信息进行过滤和调节。

(3) XM公司入职欢迎会的热情、"关怀"互助的人际氛围,使小然产生了一种"好工作"的虚假预期,警惕性被进一步瓦解,有意甚至努力地"回报"公司及同事的"善意",掉入XM公司预设的陷阱。

"可信可靠、待遇优厚、关怀爱护"——XM 公司营造的三种虚假心理预期，层层叠加，使小然在过高的心理预期下，有意或无意忽略对信息真实性和可靠性的衡量，也导致小然低估、忽视风险，表现出关闭理性决策、依直觉做决策和判断的倾向，为随后的非理性决策偏差埋下隐患。

获得诺贝尔奖的认知心理学家 Simon 明确指出，人的理性是有限的，[①] 存在很强的"维度偏好"，很少能在整合多种相关信息的基础上做判断，对于未成年人来说更甚。研究者发现，给被试呈现不同风险条件下的假设犯罪情境，其中有四个独立的维度变量：获益的可能性、损失的可能性、获益的数量和惩罚的严厉性。被试包括监禁中的成年人和未成年人，以及未犯罪的成年人和未成年人。研究结果表明，许多被试在选择犯罪情境时仅集中注意了一个维度，而对其他三个维度，要么忽略，要么以一个或两个维度为基础做微量调整，其中，未成年人显著更容易忽略信息的多个维度。[②]

未成年人小然涉世不深、缺少社会认知，在缺钱的情况下遇到可能带来"高"收入的公司，孤身在外求学遇到"善意互助"的团队，在决策时只关注到了获益的可能性和获益的数量，对损失和风险缺少理性认知和判断。犯罪团伙利用了这一点，从这个意义上说，小然是"被诈骗"的诈骗者。

2. 团体教唆诈骗，精神控制与社交压力导致小然在摇摆中做出犯罪行为

XM 公司有组织地开展网络诈骗，形成一套对员工进行精神控

---

① Simon H A. A behavioral model of rational choice [J]. Quarterly Journal of Economics. 1955, 69 (1): 343.
② 宋胜尊, 傅小兰. 犯罪行为决策的理论与研究方法 [J]. 心理科学进展, 2005 (01): 107–118.

制的方法。在幕前，小然利用精神控制、通过网络直播诈骗他人；在幕后，小然则是被 XM 公司精神控制的受害者。

精神控制被定义为透过剥夺知觉、情感，灌入强迫思维，使受控人服从于操纵者的意愿；①或被认为是通过操控人的精神、促使人的心理和行为发生质变的"洗脑"行为。②精神控制不法行为人采用的惯常做法是通过诱导并放大受害者对情感的心理需求或利用受害者的心理恐惧，短期或长期控制受害者，直到后者"自愿甘心"按照不法行为人的意愿行事，使受害者完全臣服于自己，以满足自己的各种需要。③

小然在意识到工作的欺诈性质后有三次想要离职的心理动摇，第一次动摇被同事兼同学的"友情"拉回（自己离职会辜负同学的好意，不忍心留同学一人在公司）；第二次动摇被主管手把手地"帮助"拉回（主管亲自帮助小然提升诈骗业绩，获得更多提成）；第三次动摇被同事的"劝慰"拉回（同事劝说："你不坑他们的钱，谁给你钱"）。在客户报警后，小然对同事怨怼的内疚和惭愧也从侧面反映了 XM 公司对小然形成的精神控制和团体压力。

XM 公司就这样通过体系化的入职培训、日常"手把手"的教唆渗透、同事团体间的捆绑性影响，持续洗脑、实现对小然的精神控制。XM 公司在客观方面唆使具有刑事责任能力但没有犯罪故意的小然产生犯罪故意，教唆的方法包括收买、嘱托、劝说、请求、利诱、命令、威胁、胁迫等，主观上有教唆小然犯罪的故意。在这个过程中，XM 公司作为小然社会实践的单一信息来源，直接教唆，

---

① 吴兴民. 社会学语境下的精神控制及其对策 [J]. 政法学刊，2005，22（2）：39-42.
② 陈青萍. 精神控制论 [M]. 北京：人民出版社，2010.
③ 胡洁人，梅书琴. 精神控制致人自杀死亡的刑事规制——以 PUA "教唆自杀"为例 [J]. 四川警察学院学报，2021，33（05）：9-17.

导致小然的认知偏差越来越大，逐渐丧失了独立思考判断的能力，难以理性控制自己的行为，对诈骗行为从消极对抗转变到积极卷入，自愿甘心地按照 XM 公司的意图实施诈骗，践踏法律红线，走上犯罪道路。

3. 网络虚拟空间，层层道德推脱导致小然内化犯罪认知、固化犯罪行为

随着诈骗行为的熟悉老练，为什么小然在犯罪后不会产生应有的心理内疚和痛苦的反应？其中，以道德推脱为主的认知合理化是小然内化犯罪认知和固化犯罪行为的心理要素。道德推脱是指个体重新定义自己的行为使其伤害性显得更小、最大限度地减少自己在行为后果中的责任，降低对受害者痛苦的认同的一些认知倾向。在这个案例中，主要表现在以下几个方面。

（1）网络的虚拟本质减少了小然诈骗犯罪的现场感，多数诈骗行为不需要面对面（微信联系）、不需要直接接触（平台运作）、没有固定时间、没有固定地点，虚拟性极大弱化了小然诈骗犯罪的负罪感和道德压力。

（2）非人性化是网络犯罪中常见的道德推脱方式，小然及其公司丑化诈骗对象（好色等），给受害者贴上不道德的标签或者谴责受害者，在认知上对这些人进行了价值贬低，在诈骗时其内部的道德标准和自责就不容易被激活。

（3）责任转移也是小然道德推脱的一种方式，对受害者所犯的过错进行罗列（是他们自愿刷礼物），自己免除应承担的责任（自己没有对受害者提出任何刷礼物的要求）。

（4）有利比较是小然道德推脱的第四种方式，与同事"更有害大单"的诈骗行为相比，小然觉得自己"大单"开得少，使原来不被接受的犯罪行为看起来变得更可以被接受，使其的不道德行为看上去没那么具有危害性。

（5）责任分散是小然道德推脱的第五种方式，在 XM 公司团体诈骗的情况下，导致小然个体在面对犯罪情景时，所需要承担的责任相应减少。

在客户没有报警之前，罪行尚未暴露，小然及其同事侥幸认为该行为不会带来严重后果，对诈骗行为造成的结果下意识地忽视或扭曲，因此在认知上就合理化了诈骗行为。

【犯罪社会学分析】

1. 家庭教育的缺失

家庭教育作为影响青少年发展的一个最为重要的因素，良好的教育能够帮助其养成优秀良好的个性，不良的教育则会成为青少年身心健康发展的阻碍。骄纵溺爱容易造成青少年任性自私的性格，粗暴高压的教育方式容易导致青少年产生严重的逆反心理，家长放纵的教育方式容易导致孩子是非观模糊。

小然的家庭中有父母和弟弟。她提到和母亲关系非常糟糕，母亲性格暴躁，教育方式以指责为主，简单粗暴，尤其是在小然进入青春期后，母女之间冲突不断。小然和父亲关系虽好，但爸爸是中国家庭中较为传统的男性角色，作为长途车司机，忙于生计，经常不在家，在家庭生活及子女教育中更多是缺位状态，也很少有时间与子女交流。姐弟之间存在竞争关系，在家也时常会发生冲突。从小然整个成长背景来看，家庭教育缺乏对小然的人生观、价值观的教育和指导，也缺乏一定的情感支持，恰恰在这个时候，诈骗公司的同事们为她提供了和谐、温暖、照顾、互相帮助的人际关系。在这种强烈对比之下，家庭教育与支持的缺乏把她推向了犯罪的温柔陷阱。

法国教育学家福禄贝尔认为，国民的命运与其说掌握在掌权者手中，不如说是掌握在国家中的"母亲们"手里。这说明家长的素质对孩子的前途命运至关重要。家长应当文明有礼，谦逊俭朴，树立良好的家风，培养青少年辨识不良风气的能力，提升自我防范意识，预防青少年犯罪。此外，家长也应当意识到，滥用家长权利对孩子进行控制支配的教育有违青少年成长的规律，不利于青少年独立人格的培养。家长应该对孩子进行耐心细致的指导，随着孩子的成长不断调整教育方式方法，避免简单粗暴、专制跋扈、娇纵溺爱等不良教育方式。

2. 帮伙亚文化的影响

小然所在的 XM 公司本身就是一个诈骗公司，在她开始因为骗人有心理负担时，主管和同事会安慰她"你不坑他们的钱，谁给你钱""他们是自愿充值给你送礼物的，这不是犯罪，就算警察找你也不是你的错，有问题也是公司承担"。这种违法公司为小然提供了一个犯罪帮伙的亚文化，为小然的犯罪行为做好了充分的心理铺垫。

艾伯特·科恩是美国犯罪学家，他在其主要著作《少年犯罪人：帮伙亚文化》(1955) 一书中论述了他的少年犯罪亚文化理论，这一理论又称为"帮伙亚文化理论""中产阶级测量标尺理论""地位挫折理论"。这一理论的基本观点认为，在下层阶级贫民区中存在着一种少年犯罪亚文化和少年犯罪亚文化群（帮伙），它们是下层阶级少年为克服社会适应困难或地位挫折感而产生的群体性反应；这些亚文化与中产阶级的文化相矛盾，遵从这种帮伙亚文化必然导致越轨和犯罪行为。科恩理论的主要目的是用来解释下层阶级贫民区中发现的极其庞大的少年犯罪。他的核心观点是，下层阶级青少年的犯罪行为是对美国中产阶级主流文化中的规范和价值观的一种反抗。我国社会和美国社会阶层划分并不相同，但是仍然可以从该理论中获得一些启发。在小然的案件中，她作为一名在校学生，却受到同学、朋友以及公司同事群体的影响，不断地把诈骗行为继续下去，这里面有群体亚文化的影响存在。①

在我们当下的社会环境中，由于青少年在家庭背景、社会经济条件等方面的差别，一部分青少年可以获得成功，而另一部分青少年却难以达到社会所认同的成功标准，比如成绩差、考不上好学校，特别是那些因为家庭的社会地位低和经济条件差而没有良好先天条件的青少年，会更深刻地体验到地位挫折和情绪紧张。小然的家庭经济条件并不好，父亲为司机，还曾因为交通肇事被扣押驾驶证失去工作，母亲仅仅从事零星的兼职工作，家中还有一个弟弟。在这种家庭背景下，小然容易体验到挫败感，在青春期需要寻求更多的途径获得价值感和意义感。

经济条件不好的青少年为了克服消极感情，通常会采用以下三种方式中的一种做出反应：①成为"街角"青少年，即充分利用生活环境，通过获得一份体力劳动工作而踏入社会，满足于下层社会的舒适生活，最终成为社会中稳定的成员；②成为大学青少年，即青少年中的优秀分子，希望通过上大学来改变自己的社会地位；③成为犯罪青少年，这类青少年很难用合法手段获得成功，但他们很想跻身于成功者的行列，进而导致某些青少年产生挫折，所以他们就反对社会主流价值观，同时为了获得一种代偿性的成功和安慰，他们就结成帮伙，一起进行各种青少年违法犯罪活动，并在活动中形成了不同于主流价值体系的独特的价值观和行为方式，从而形成了青少年犯罪亚文化。小然成绩不太好，虽然并没有放弃学业这个符合主流价值观的提升途径，但由于她自身的学业条件属于一

---

① 刘炳跃. 青少年犯罪问题的犯罪社会学分析 [J]. 预防青少年犯罪研究, 2012 (3): 5.

般状态，无法让她对未来的成功拥有充分的信心，所以她在同辈群体的影响下走向了第三种方式——犯罪。

如果学校教育的作用能够进一步强化，价值引导作用进一步巩固，让学生们对未来充满希望，构建起风清气正、健康自信、求实奋进、三观端正的校园氛围，那么在某种程度上就会降低青少年犯罪发生的概率。

【社会调查实证分析】

1. 法律视角

（1）对涉网络犯罪未成年人的法律意识进行调查。

法律意识是人们关于法的思想、观点、理论和心理的统称。法律意识淡薄是涉罪未成年人实施犯罪的主要原因，因此对法律意识的调查可以帮助我们分析涉罪未成年人犯罪的原因，同时也为其是否具有帮教的可能和采取何种帮教方法提供依据。我们可以从法律认知、法律情感、法律意志和法律信念四个层面对法律意识开展调查。

第一，法律认知，是指人们对法律概念的学习和认知活动。未成年人通过学校法治教育课程、家庭教育、网络及其他媒体习得相关法律概念。但由于缺乏学习兴趣、有经验型思维、理解能力有限等原因，涉罪未成年人对法律概念的认知未必完全正确。尤其是对于新型的涉网络犯罪，很多未成年人不熟悉网络安全法律法规，或者缺乏对法律概念的深入认知，因此更加容易出现认知偏差，从而走上犯罪的道路。

第二，法律情感，是法律意识的情感因素，也是民众对法律最真切的内心体验，表现为畏惧或尊崇、憎恨或信仰、喜欢或厌恶。[①]

---

① 俞陈一. 未成年人法律意识形成研究［D］. 杭州：杭州师范大学，2019.

比如，出于对法律权威的敬畏情感，未成年人严格遵守法律和学校规章制度，将自己的行为限制在法律规范规定的范围内，既不冒名注册成人网站，也不在网络上使用暴力语言。而有些涉罪未成年人对法律概念有所掌握，但由于对法律缺乏敬畏之心而知法犯法，即在法律情感方面存在问题。

第三，法律意志，是个体法律动机直接影响其法律行为选择的意向。比如，在网络诈骗罪中，涉罪未成年人明知违法但有利益回报时，还选择了从事违法活动。

第四，法律信念，是指人们内心对法律的坚定信念并产生的稳定的选择。法律认知、法律情感、法律意志已经能够形成基本的法律意识，但是否能够在遇到法律问题时有稳定的选择和行为，则需要人们在内心对法律有一种确信感，这种确信感就是法律信念。例如，在未成年人涉网络犯罪时，往往受到成年人的利益诱惑和教唆。如果未成年人具有坚定法律信念，不仅能够识破成年人的非法教唆，而且也能够抵制得住非法诱惑；反之，缺乏法律信念的未成年人，则容易被不法分子利用，容易在各类诱惑下走入歧途。

（2）对涉网络犯罪未成年人的犯罪客观方面进行调查。

犯罪客观方面是《刑法》所规定的、说明行为对《刑法》所保护的社会关系造成侵害的客观外在事实特征。犯罪客观方面是区分罪与非罪的重要依据。如果不具备犯罪客观方面的要件，就失去了构成犯罪和承担刑事责任的客观基础。因此对涉罪未成年人网络犯罪的客观方面进行调查十分有必要。

网络犯罪的客观方面，是指刑法规定的，网络犯罪活动的客观外在表现，特指侵犯某一客体的危害行为，以及危害行为所产生的危害社会的后果以及这种行为。[①] 网络犯罪的客观方面，需要根据

---

① 王洪涛. 网络犯罪若干问题探讨 [D]. 长沙：湖南大学，2007.

具体所涉罪名考察其法定客观方面的要件。

（3）对涉网络犯罪未成年人是否受到教唆进行调查。

根据我国《刑法》的规定，被教唆的人犯罪的，与教唆者形成共犯关系，应按照其所犯的相应罪名定罪处罚；但不满十四周岁的未成年人被教唆犯罪的，不构成共犯关系，可以对被教唆的人从轻、减轻或免除处罚。在网络中，未成年人缺乏计算机常识、生活经验和法律意识，更加容易被成年人利用，受到来自不法分子的教唆和利诱，因此有必要对涉罪未成年人是否受到过来自成年人或者其他朋辈的教唆进行调查。

（4）对涉网络犯罪未成年人的悔罪表现进行调查。

悔罪表现，是指涉罪未成年人在刑事侦查、起诉和审判过程中真诚悔罪的行为，包括：坦白所犯罪行，表示悔改，向被害人道歉，赔偿被害人损失，积极退赃，认罪服法等。涉网络犯罪的未成年人的悔罪表现在附条件不起诉制度中占有非常重要的地位，"悔罪表现"的内涵目前还没有统一的界定。而在当今的司法实践中，司法工作人员则更多地趋向于将附条件不起诉中的悔罪表现直接与《刑法》第七十二条缓刑中的悔罪表现相等同。《刑法》与《刑事诉讼法》规定的悔罪表现都指向同一个目的，即证明嫌疑人没有再犯的风险，所以可以等同适用，这是诉讼法与程序法衔接的一个体现。① 在进行社会调查时，建议从以下方面考察涉网络犯罪未成年人的悔罪表现：第一，是否对自己所犯罪行有所坦白；第二，是否表示悔改；第三，是否向被害人道歉；第四，是否在有能力的情况下积极赔偿被害人损失；第四，是否积极退赃；第五，是否认罪服法等。

---

① 霍婷，周仪．未成年人刑事案件诉讼程序与刑法的衔接问题——以悔罪表现为例［J］．法制与社会，2016（31）：109-110．

2. 心理学视角

涉互联网案件的未成年人有其独特性，可能会影响到对他们人身危险性和再犯可能性的评估，在进行社会调查时需要重视并充分调查与"互联网"相关的心理因素。

（1）从未成年人心理成长和社会化的角度调查互联网的影响。

"物化"是互联网使用者典型的心理特征，机器和符号的世界大大湮没了人性和人化的因素，容易导致未成年人形成"去人化"的世界观，对待人就像对待没有生命、没有感情的物件一样，人格冷漠的现象频现，观点采择能力和心理共情能力的发展都会被局限，认知偏激和情绪极端的情况比较容易发生。涉案未成年社会调查可以从个体互联网使用的历史、偏好和习惯入手，分析互联网"去人化"现象对未成年人心理发展和社会化的影响。

"奶头乐"网络产品如潮水般涌来，对认知尚在发展中的未成年人来说，许多智能有被弱化的趋势：依赖功能强大的搜索引擎，记忆能力就会明显减退；网络有泛程序化的特性，标准化的操作模式大大减轻了人的认知负担，使各种操作成为简单的机械模式，自然思考能力衰减，即通常所说的"傻瓜化"。天长日久，习惯于这种程序性的思维模式，人就变成了机械的信息接收者，甚至失去思考能力和辨别能力。涉案未成年社会调查可以从个体互联网使用相关的思维能力入手，分析互联网"智能化"现象对未成年人心理发展和社会化的影响。

"即时满足"是互联网背景下个体的一个心理习惯，"只有想不到的，没有得不到的"，对需要的延迟满足能力显著下降。对未成年人来说，即时满足也是导致他们经不起诱惑、僭越法律红线的一个重要原因。

（2）从犯罪心理和犯罪行为习得的角度调查互联网的影响。

与传统犯罪相比，互联网犯罪自带虚拟性，犯罪过程并不那么直观，其产生的危害也不那么直观。这种虚拟性不仅让人们对于一些网络犯罪行为难以察觉，同时实施网络犯罪的青少年甚至对于自身的网络犯罪行为也没有相应的认识，因此其犯罪行为会无所顾忌，由此给经济秩序和社会发展带了更加严重的影响。

即使青少年对于自身的网络犯罪行为有认识，但是由于网络犯罪的虚拟性，带给人们的冲击感较弱，也会大大降低其犯罪之后的罪恶感，导致其不断触犯法律，从而产生更加严重的危害经济和社会秩序的后果。社会调查人员需要进一步了解个体互联网犯罪的习得过程，重点调查互联网犯罪其认知、行为的固化特征。

（3）从教育惩戒、矫治回归的角度调查互联网的影响。

不少未成年人网络犯罪的产生即是在社会化的过程中产生了问题，未成年人没有进行有效的社会化，而是在网络当中寻找自己的价值和实现所谓的"社会化"。在社会调查中，需要仔细甄别网络不良信息对未成年人社会化过程产生的负面影响，从矫治回归的角度减少导致未成年人行为失范的风险因素，引导未成年人辨别信息良莠，在网络上找到实现自己人生价值的合法路径。在社会调查中，也需要考虑互联网对青少年价值观的"不良影响"，从行为矫治和回归社会的角度探索青少年价值实现的合法路径。

（4）从调查的具体方法上看，需要注意以下几个方面。

在社会调查中，需要对涉罪未成年人的成长经历进行更为详细的了解，请被调查者按照时间顺序描述自己成长过程中能记忆起来的任何事件、人物，访谈员保持好奇、开放、尊重、真诚的态度聆听被调查者的故事，一方面可以降低被调查者对访谈的心理抗拒，另一方面可以从貌似跟案件不相关的信息中更全面地了解被调查者的心理特征、人生观、价值观等内在特质。

访谈员对听到的一些信息进行积极赋义和正向解读，有助于和被调查者建立起良好的关系，可以较快打破关系中的障碍，建立起被调查者容易信任的访谈关系，以便获取更真实的信息。

当在社会调查中注意到涉罪未成年人对于问题归因采用外归因时，需要进一步去了解这种外归因已经是该未成年人习得的归因模式，还是仅为应对涉罪细节的一种回避策略。进行具体访谈时，在社会调查中需要有意识地去设定其他困境问题情境进行询问，比如"请你分享一件平时和好朋友发生不愉快的事情，并且分析问题的原因"或者"分享一件小时候自己表现比较糟糕的事情"

3. 社会学视角

（1）对涉罪未成年人的成长背景进行详细收集，比如父母的年龄、职业、经济收入、受教育程度、教育理念、价值观等内容，被调查者的养育过程，如在哪个年龄段谁是主要照看者，是否有留守家乡的情况，是否有寄养别人家的情况，是否有随父母外出打工流动的情况等，以便更好地理解涉罪未成年人的社会学背景带给他们的影响。

（2）对涉罪未成年人在案发阶段的主要社会交往进行详细了解，并对其提到的重要朋友进行调查，进一步分析同辈群体是如何影响其犯罪行为的。

（3）需要详细了解涉罪未成年人接受学校教育的过程，并对学校中的相关教师、同学进行调查，全面了解其行为、品质、人格特征等。

（4）可以在访谈中适当采用一些伦理困境故事的讨论等环节，在这些环节中可以进一步地让被调查者投射出自己更真实的价值观，有助于访谈员更全面地评估其再犯罪风险。

第九章
未成年人团伙犯罪的社会调查实证分析

未成年人团伙犯罪是指三个以上（含三个）未成年人或未成年人与成年人结合组成的团伙实施的刑事犯罪。由于未成年人的自身特点，单独作案往往难以成功，因此团伙犯罪逐渐演变成未成年人犯罪的一种重要形态。

根据我国《刑法》对共同犯罪的规定，共同犯罪是指二人以上的具有共同故意的犯罪。未成年人团伙犯罪，相较于共同犯罪，主要特征包括以下几点：第一，团伙犯罪的人数区别于共同犯罪，即以三人为底限；第二，团伙中成员在实施犯罪行为时的犯罪主观方面与共同犯罪一致，均具有共同故意；第三，团伙犯罪中的组成成员较为松散，具有随意性，与共同犯罪中的一般共同犯罪的组织形式较为一致。① 可以认为团伙犯罪属于共同犯罪中的一种犯罪形式，同时具有自身的特点。

根据《北京市未成年人检察工作白皮书（2022年）》报告显示，未成年人团伙犯罪在犯罪主体方面表现出犯罪年龄集中的特点，其中十六岁到十七岁是犯罪行为实施的集中年龄，与此同时十四岁到十五岁年龄段的犯罪人数也在同步上升。未成年人团伙犯罪中行为人文化程度普遍偏低，初中文化水平的占比较高。未成年人团伙犯罪的行为人其职业现状多表现为无业状态，少部分为学生、农民或是学徒工。在犯罪行为中，未成年人团伙犯罪往往呈现出犯罪动机简单，讲义气、寻求刺激是未成年人团伙犯罪发生的主要诱因。对于多数未成年人犯罪团伙成员而言，其实施犯罪的目的就在于获得团伙其他成员的认可，一味推崇江湖上的"哥们儿义气"。

人在生命的不同时期都有着不同的安全感需求。在幼儿时期，人们的安全感来自自己的父母等首属群体，家庭为人们提供了物质与情感支持，是人们实现安全感的主要场所。随着年龄的增长，发

---

① 郭翔. 家庭变迁与未成年人团伙犯罪 [J]. 未成年犯罪研究，2000，（03）.

展与同辈的人际交往，融入新群体是未成年人实现自我的必然过程，当未成年人无法从家庭受到关爱，或者说与家人相处频频受阻时，他们的情感就会得不到抒发，心理可能会有所闭塞，不愿与他人沟通，一旦出现危机就倾向于以自己的方式来解决。而团伙能够为其参与者提供其他群体无法替代的需求满足，其中最关键的就是情感需求的满足。在团伙中，由于年龄、经历、社会需求和心理需求基本相似，团伙成员往往有着共同的语言、兴趣和价值偏好，容易产生心理上的共鸣，使团伙成为具有凝聚力的小群体。[①] 由于社会经济的不平衡发展，不少父母不得不外出打工，而许多未成年人也只能随父母生活在不断的流动中，"候鸟"式地经常生活漂移、居住移动。在迁移流动中，未成年人不可回避地从"熟人社会"转入"陌生人社会"。陌生的生活环境一方面会促使未成年人寻找"同伴"，另一方面也会鉴于周围人的陌生状态，放松自我道德约束，放任自我越轨行为。

本章选取了未成年人团伙犯罪中最为常见的聚众斗殴案例，对于分析未成年人团伙犯罪的犯罪特点及成因，加强预防对策等方面具有典型的指导意义。

案例　未成年人团伙犯罪案件

【基本案情】

案例一：

张某（16岁）是山东人，自小跟随父母在北京生活。因父母外出打工，工作繁忙，对张某疏于教育和管理，张某初中毕

[①] 马慧. 透析未成年人犯罪中团伙现象的成因［J］. 前沿，2010，(09)：67-70.

业后就不再继续学业，偶尔到蹦床公园、快餐店进行兼职，补贴自己的日常花销。张某平时喜欢在网吧、台球厅等场所休闲娱乐，并结交了不少同龄的社会青年。某日，张某在网吧因为琐事与李某发生争吵，事后张某纠集10人（其中8人为未成年人）带着刀棍来到李某所在的网吧，与对方发生冲突。当天张某等10余人因涉嫌聚众斗殴罪被警方抓获。在警方审讯过程中，张某表示其曾经也多次实施打架行为，但基本属于小打小闹，家里都不知道，也没受过处理。张某表示此案发生前他认为打架行为是不好的，但不知道打架属于违法犯罪行为，在其认知里打架双方都有责任，事后双方调解就行，不需要承担法律责任。

案例二：

赵某（17岁）是北京人，在他出生不久后父母就离异并各自组建了新的家庭，赵某与爷爷、奶奶生活在农村。因为厌学情绪严重，赵某初中没毕业就辍学在家中，偶尔到附近工地或饭店打零工补贴个人开销，平时的交往以与社会青年打牌、喝酒为主。赵某与孙某（女）曾经是情侣，后分手，现在孙某与申某在交往。某日，赵某因琐事与孙某发生矛盾，后又与申某在电话中发生口角双方约架，赵某纠集3人（3人均为未成年人）与孙某、申某进行互殴，将他们驾驶的车辆砸坏，并将两人殴打至轻微伤。事后赵某对自己的行为十分后悔，认识到自己的行为是违法的，表示今后一定好好做人，学法、守法，做一个懂法的好公民。

案例三：

16岁的王某是北京人，在一所中职院校上学，平时学业压力不大，课余时间爱与自己的发小、朋友一起玩。一日，王某在与朋友聚会过程中接到求助电话，在不了解事件原委的情况下，便匆忙赶去赴约并与对方发生冲突。在王某的直接行为下，导致对方鼻梁骨断裂，被认定为轻伤，事后因涉嫌聚众斗殴罪被警方抓获。据王某描述，案发当天他与蔡某等人在一起吃饭，吃饭途中蔡某接到宋某的求助电话，蔡某便与同桌吃饭的人说："出事了，一起去凑个场"。王某表示他出于"哥们儿义气"，选择与蔡某等人同去帮宋某"凑场"，认为自己与蔡某、宋某都认识，都是朋友，听到朋友有事就去帮忙了。王某称在此案发生前，蔡某等人也曾帮助过王某打架，因此王某担心自己不去，旁人会觉得他"怂""不够意思"，未来也不愿意与其做朋友。王某称他周围的朋友都曾实施过打架行为，在他们看来打架是一种解决问题的方式，他认为自己打架时下手有轻重，不会打伤对方，造成严重后果。

【法理分析】

根据我国《刑法》规定，聚众斗殴罪是指聚集多人攻击对方身体或者相互攻击对方身体的行为。聚众斗殴的，对首要分子和其他积极参加者，处三年以下有期徒刑、拘役或者管制；有下列情形之一的，对首要分子和其他积极参加者，处三年以上十年以下有期徒刑：（一）多次聚众斗殴的；（二）聚众斗殴人数多、规模大、社会影响恶劣的；（三）在公共场所或者交通要道聚众斗殴，造成社会秩序严重混乱的；（四）持械聚众斗殴的。聚众斗殴致人重伤、死亡的，依照故意杀人、故意伤害的规定定罪处罚。

聚众斗殴罪侵犯的客体是公共秩序，所谓公共秩序是指在社会公共生活中应当遵守的各项共同生活的规则、秩序。在实际生活中，聚众斗殴犯罪可以在公共场所，如公园、影剧院中，也可以发生在较僻静的私人场所。因此，无论是在何种场所进行聚众斗殴犯罪活动，都应视为侵犯了公共秩序。公然藐视法纪和社会公德，破坏公共秩序，就是聚众斗殴罪的本质特征。聚众斗殴罪的客观方面表现为纠集众人结伙殴斗的行为。聚众，一般是指人数众多，至少不得少于3人；斗殴，主要是指采用暴力相互搏斗。聚众斗殴少则几人、十几人，多则几十人、上百人，他们往往是约定时间、地点，拿刀动棒，大打出手，造成伤亡和社会秩序的混乱，是一种严重影响社会公共秩序的恶劣犯罪行为。

聚众斗殴罪的主体是一般主体，凡年满十六周岁且具备刑事责任能力的自然人均能构成本罪。但并非所有参加聚众斗殴者均构成本罪，只有聚众斗殴的首要分子和其他积极参加者，才能构成本罪主体。所谓首要分子是指在聚众斗殴中起组织、策划、指挥作用的犯罪分子；所谓其他积极参加者是指除首要分子以外的在聚众斗殴中起重要作用的犯罪分子。聚众斗殴罪的主观方面是故意犯罪，斗殴起因或为争夺势力范围，或为哥们儿出气进行报复，或为争夺女人发生矛盾等，总之要显示自己一伙人的"威风""煞气"，压倒对方。① 聚众斗殴企图通过实施聚众斗殴活动来寻求刺激或者追求某种卑鄙欲念的满足，行为人在思想上已经丧失了道德观念和法治观念，是非荣辱标准已被颠倒。

本章案例一中的张某与案例二中的赵某，都已年满十六岁，因为生活琐事与他人发生冲突，并组织朋友参与打架斗殴，对他人人身和财产造成伤害，明显属于聚众斗殴中的首要分子。案例三中王某虽然不是聚众斗殴的组织者，但也积极参与了打架斗殴，并且由于自己的冲动行为导致他人受伤，其行为也严重破坏了社会秩序。三个案例中的行为人都满足聚众斗殴罪的各项犯罪构成。《最高人

---

① 姚兵. 未成年人犯罪团伙实证研究 [J]. 理论月刊, 2015, (07): 88-93.

民法院关于审理未成年人刑事案件具体应用法律若干问题的解释》第十一条规定，对未成年罪犯适用刑罚，应当充分考虑是否有利于未成年罪犯的教育和矫正。对未成年罪犯量刑应当依照《刑法》第六十一条的规定，并充分考虑未成年人实施犯罪行为的动机和目的、犯罪时的年龄、是否初次犯罪、犯罪后的悔罪表现、个人成长经历和一贯表现等因素。因此在对以上三位行为人定罪量刑时可酌情予以考虑。

【犯罪心理分析】

聚众斗殴罪具有群体性、伤害性和破坏性，是青少年犯罪的重要形式之一，那么有哪些心理因素影响到犯罪行为的发生呢？

1. 身体发育带来攻击能量增强，欠缺合理的表达方式导致能量淤积

本章案例一中的张某十六岁、案例二中的赵某十七岁、案例三中的王某十六岁，三人都是十六到十七岁的青少年，他们反映了未成年人团伙犯罪涉案主体年龄特征。《北京市未成年人检察工作白皮书（2022年）》报告显示，十六到十七岁是未成年人团伙犯罪主体的集中年龄。

十六到十七岁处在青春期的后期，接近成年期。由于人生的第二发育高峰期结束，这时候的未成年人已经在身高、体重、胸围等外在形态上接近成年人水平，而且体内组织器官的机能也逐渐强大起来，心脏功能、肺功能都达到人生的强健阶段，性器官的发育带来了性的第一性征和第二性征的成熟。所以，青少年的身体充满了能量，其攻击本能也达到了较高的表现水平。攻击表达不当就可能带来侵犯，即试图伤害或危害他人的行为。在社会、学校和家庭的教育和引导下，攻击本能可以寻求社会赞许的方式得以表达，例如，学习、工作、科学研究、艺术创作、体育竞技、社会服务活动等。

案例一中的张某初中毕业后就不再继续学业；案例二中的赵某初中没毕业就辍学在家中。没有继续学业使张某和赵某失去了参与学校学习活动的机会，而学习活动是通过获得社会赞许而升华攻击性的最重要的方式之一。工作也是通过获得社会赞许而升华攻击性的最重要的方式之一，张某偶尔兼职，赵某偶尔打零工，两人作为未成年人均不能从事长期、正规的工作。张某和赵某均缺乏以获得社会赞许的方式来转化自身的攻击本能的手段，导致能量淤积。当本能冲动不能转移到社会赞许的方面，便很可能以恨和破坏性的方式表现出来。案例一中的张某也曾经多次实施打架行为，但因基本属于小打小闹，没有引起重视，案例三中的王某称他周围的朋友也都曾有过打架行为。

2. 缺乏情绪调节和控制能力，采用错误的方式处理愤怒情绪

心理学研究表明，侵犯行为通常和愤怒情绪的唤醒有关。案例一中的张某在网吧因为琐事与李某发生争吵后，纠集十人，带着刀棍，与对方发生冲突。案例二中的赵某因琐事与孙某发生矛盾，后又与申某发生口角，双方约架，赵某纠集3人与孙某、申某进行互殴。李某和赵某与他人争吵或发生矛盾导致了愤怒情绪，这时大脑神经系统中的愤怒中枢被激活，生理和心理均处于高度唤醒状态。愤怒情绪蕴含着心理能量，当一个人愤怒时，必须用一定的方式去调节和控制。

那么用什么方式来平息怒火比较合理？心理学研究认为适当的选择包括听音乐、运动、写日记、找朋友倾诉、做深呼吸、哭等方式，不当选择包括骂人、找人打架、摔东西、生闷气、以牙还牙等。李某和赵某在愤怒情绪的作用下采取了不当的选择——打架，打架带来相互的身体伤害，激化了矛盾，加深了相互仇恨。打架不但无法起到合理调节和控制愤怒的作用,而且导致了更加严重和不可控的后果。

案例三中的王某称在他看来打架是一种解决问题的方式,案例一中的张某也多次实施打架行为。王某和张某缺乏处理冲突和矛盾的能力和技巧,把打架当作了解决问题的方式。

3. 优先满足人际交往的心理需求,忽略了方式方法的合规性

青少年人际交往愿望强烈,讲求平等,坦诚相待;重义轻利,情感色彩浓,功利性少;单一性减弱,不再局限于同一所学校、同一个区域,人际交往的频率加大,交往的对象大幅增加,人际关系由单一化向多样化转变,复杂性也随之增强。

案例三中的王某,在案发当天与蔡某一起吃饭,蔡某接到宋某的求助电话,便邀请他一起同往。王某认为他与蔡某、宋某都是朋友,朋友有事就应该帮忙。王某有较强的人际需求,对友情比较看重,但过分讲究"哥们儿义气",忽略了是非善恶,没有原则,导致违反了法律。

根据心理学的人际交换论,在人际交往中往往需要礼尚往来,讲究平衡和对等。在案例三发生前,蔡某等人曾帮助过王某打架。对于王某而言,帮自己打架是蔡某对自己的付出,自己必然应该给予相应的回报,理应帮蔡某打架。所以案发时王某在不了解事件原委的情况下匆忙赴约参与打架,既不了解事情的来龙去脉,也不分析双方的是非曲直。王某担心若不去,朋友对自己有不好的评价。

4. 非正式团体的影响,导致个体心理被误导

在人际交往过程中,往往会形成非正式团体,它以个人喜爱、好恶为基础而建立,一般自发形成,结构松散,成员间关系不固定。在未成年人团伙犯罪中,往往存在一个临时或长期的非正式团体,这个团体能起到纠集成员、组织行动的作用。成员在非正式团

体中，可以获得归属感、认同感和社会支持，愿意与团体保持一致。案例一中的张某，平时在休闲娱乐场所，并结交了不少同龄的社会青年，在想打架时能够纠集到十人。案例二中的赵某，平时的交往以与社会青年打牌喝酒为主，形成了一个小团体，案发时纠集到三人。案例三中的王某，课余时间爱与自己的发小朋友一起玩，在案发时成了被纠集的对象，并立刻给予了行动支持。

人们在社会交往中常常会受到一定的社会影响，态度或行为在特定方向上被改变。社会影响有三种现象：从众、服从、顺从。从众，指个人的观念与行为由于群体的引导或压力，而向与多数人一致的方向变化的现象。服从，指在他人的直接命令下做出某种行为的倾向。顺从，指在他人的直接请求下按照他人要求做的倾向。案例一中的张和案例二中的赵某，在案发时扮演了对他人发出命或请求的角色，案例三中的王某扮演了服从和顺从的角色。同时，案例三中的王某及案例一和二中的参与打架的人员，受到从众心理的支配。

根据社会学习观点，侵犯是习得的。侵犯可以通过强化培养、观察学习而获得。案例一中的张某曾多次实施打架行为，没受过处理；案例三中的王某周围的朋友都曾实施过打架行为。心理学研究表明，若打架未受到相应的惩罚，其效果相当于肯定和鼓励。结果是打架者得到强化，观察者得到间接强化。张某习得打架行为，并使周围的朋友更容易习得打架行为；王某周围的朋友相互传染，并一起习得打架行为。未成年人人格尚未成熟，价值观还不稳定，很容易失去是非判断标准或行为控制方向。

【社会调查实证分析】

1. 法律视角

未成年人团伙犯罪的保护预防是一项权益性保护实现的综合工

程，它涉及国家立法保护、家庭保护、学校保护、社会保护和司法保护等方方面面，需要综合协调，多措并举，并予以有计划、有目的地科学设计，最终实现预防未成年人犯罪的目的。①

（1）加强未成年人法治教育工作。行为偏差的未成年人可塑性大，拉一把，可能从此走上正道；任其发展，可能会陷入犯罪深渊。学校要改变育人观念，加强学生法治、思想道德教育和行为管理，使法治及思想品德课从"陪衬课"走向"主课"。法治教育内容要贴近学生生活，有知识性、趣味性，用丰富的案例剖析未成年人常见的违法犯罪行为及原因，使学生懂得"小洞不补，大洞吃苦"的道理。

（2）强化家长的监管责任，提高家庭教育的实效。家庭是未成年人生活的主要环境，是人在最佳年龄塑造性格的场所。家庭疏于管教，特别是那些"溺爱型""棍棒型"或自己行为不端的家长，都将影响孩子的成长。要对家长进行法律、心理学常识等方面的教育，提高他们教育子女的能力。同时，作为家长要积极主动与学校、社会加强联系，互通信息，发现孩子有不良思想和行为要尽早沟通、共同配合，及时矫正其不健康的心理和行为。

（3）丰富未成年人的精神文化生活，提供良好的社会文化环境。现代社会多元化文化思想的发展，出现了眼花缭乱的各种文化版块，并呈现出良莠不齐的局面，加强面向未成年人的主流文化教育，帮助他们确立文化思想，以防颓废、堕落。加强对营业性游戏机房、网吧、酒吧等娱乐场所的管理，减少对未成年人的负面感染。闲散在社会上的未成年人由于缺少单位、学校的教育管理，终日无所事事，极易受到不健康文化的影响，对于闲散少年，可以聘

---

① 李珂.论青少年团伙犯罪的成因及预防措施［J］.传播力研究，2020，4(10).

请社会志愿者帮教,建立帮教小组,制订帮教计划,不断加强联系和指导。① 同时各级政府和社会组织应积极组织他们参加健康的、有益的文化活动,共同营造关心、关注、爱护未成年人的社会氛围。

(4) 加强立法工作,逐步完善司法保障体系。未成年人年龄小,心理发育还不成熟,有较大的改正空间,应当给予其区别于成年人犯罪的保护措施。但是这种保护不是放任其犯罪,免除其社会责任,而是给予其他方面的惩戒以示警戒作用。一方面,可以充分发挥社区矫正、家长监护等作用,让那些不需要承担刑事责任的未成年人在社区矫正中认识到自己的错误;另一方面,由于未成年人犯罪在主观恶性、行为方式以及社会危害程度等方面都与成年人犯罪有着很大的区别,所以应当将未成年人犯罪与成年人犯罪做区别化的处理。② 当下应当建立完善的少年司法体系,针对未成年人制定专门的部门法,这样既有利于法律体系的专门性和完整性,又有利于对未成年人进行专门的保护。

(5) 成立未成年人保护、救助组织。围绕未成年人团伙犯罪预防,以街道、社区、乡镇为单位,成立未成年人咨询、托管、救助、服务的权益保护组织,为未成年人成长提供帮助。这些保护、救助组织可以包括未成年人咨询、救助机构:以面对面的方式,为未成年人提供家庭、生理、心理等问题的咨询、投诉或救助服务。未成年人"困难"托管机构:由街道、社区或乡镇对"问题家庭"未成年人和流浪儿等进行管理,由政府保障经费。未成年人就学、就业帮助机构:以社区和乡镇为单位,成立帮助未成年人就学、就

---

① 高黎. 未成年人共同犯罪的特点、原因及其对策 [J]. 上海政法学院学院,2005 (3).

② 肖灵. 论未成年人犯罪预防制度的构建 [J]. 江西社会科学,2016 (8).

业的专门机构，帮助失学、辍学和学习有困难的未成年人完成学业，同时通过开办实用职业技能教育培训，帮助未成年人顺利就业。外来未成年人救助机构：以维护外来未成年人合法权益为重点，联合公安、劳动、工商等有关部门，着重帮助解决未成年人在劳资、工伤、劳动保护等方面存在的困难及问题。①

2. 心理学视角

未成年人团伙犯罪有一定的复杂性，涉案未成年人受到各种因素的影响呈现出一定心理状态和特点，在社会调查中可以从其心理特点和影响因素两方面入手获得有价值的心理因素资料。

（1）从日常活动状态入手，调查活动类型的影响。

弗洛伊德认为侵犯是与生本能相对的死本能，反映人有一种基本的无意识的死亡愿望。死本能本来是对内的自我破坏倾向，但受到生本能的妨碍而转向外部，以侵犯的形式表现出来。侵犯冲动必须得到表现，不然会导致精神病。攻击本能可以采取升华的方式表达，将本能冲动转移到社会赞许的方面，如学习、工作、学习、工作、科学研究、艺术创作、体育竞技、社会服务活动等。

社会调查人员可以了解未成年人的主导活动的内容，主导活动是否符合社会赞许，在其日常生活中还有哪些形式的活动类型，这些活动占据了多少时间，可否帮助未成年人释放或宣泄攻击和侵犯本能；由此，掌握活动类型与未成年人团伙犯罪的联系。

（2）从情绪特征入手，调查情绪调节和控制的影响。

情绪是人们在心理活动中，对客观事物的态度体验，是人脑对客观事物与人的需求关系的反映。愤怒情绪是对客观事物不符合自己需求所产生的主观体验。一般遭到攻击、烦扰、挫折时，将问题

---

① 李博翔，蒋岩波. 城市流动青少年犯罪原因及对策思考 [J]. 江西社会科学，2014，（09）：202-207.

归因于有意伤害或不公正的待遇等因素更容易引发愤怒。情绪通常具有非理性、弥漫性，情绪蕴含着能量或动机，情绪在强度上有一定的范围，当超过一定程度时，它将发生质的变化；所以应当对情绪进行调节和控制。对情绪进行积极地调节，指对情绪和发生情绪的环境之间的关系进行某种调整，使之相互适合。对情绪进行控制，包括选择情绪反应的方式和内容，以及情绪反应的程度。未成年人的情绪具有波动性与两极性、冲动性与爆发性，更需要学习对如何对自身的情绪进行调节和控制。

在社会调查工作中，了解未成年人的情绪特点、情绪色调、情绪的冲动性、生活事件对未成年人情绪的影响、情绪的调节和控制能力和技巧等内容，为把握情绪对未成年人团伙犯罪的影响提供更真实的资料。

（3）从人际交往心理需求入手，调查其实现方式的影响。

每个在社会生活中的人都离不开与他人交往。心理学研究认为人们交往的动机主要有三种：一是需求满足论，几乎人的各种需求满足都依赖于交往，较高级的精神需求更要通过交往来满足，交往是本能与社会学习共同推动的活动。二是社会交换论，交往的目的是为了获取精神或物质利润，人们总是想以一定的代价换取相应的回报。三是自我呈现论，交往是为了树立自己的形象，控制他人行为。人们在人际交往中有与人建立良好关系与满足自身心理需求的取向，通常人际交往中主要的心理需求有包容与被包容、控制与被控制、亲密与被亲密。

调查未成年人的人际关系状态，比如，平时与哪些人交往，彼此感情的深度，如何维持友谊和情感，以及彼此的交往模式有何特点等内容，全面了解和把握未成年人的人际交往状态和心理特点，从中寻找其在未成年人团伙犯罪中的影响作用。

（4）从心理收益入手，调查非正式团体的影响。

第九章 未成年人团伙犯罪的社会调查实证分析

　　成员加入团体往往会获得心理上的收益，满足归属感，个体自觉归属于所参加团体的一种情感。获得认同感，团体成员在认知和评价上彼此保持一致的情感，个体往往把团体作为自己的认同对象。获得社会支持，团体对某种个人行为的评价、奖惩会强化这种行为。在非正式团体中，未成年人往往为了满足团体的心理需求，更倾向于和团体保持一致。根据拉塔内的社会影响理论，来自他人的社会影响的总量取决于三方面的因素：他人的数量、他人的重要性、他人的接近性。在未成年团伙犯罪中，人数众多更易导致案件发生，在案发场景的即时条件下，团伙成员的相互影响得到了加强。

　　在社会调查工作中为了了解非正式团体的影响，可以设置非正式团体的数量、人数、活动范围和内容等维度，掌握未成年人团体的基本状态；设置未成年人对团体的情感、态度等维度，了解其在团体中的参与深度。